Guía esencial de
los símbolos

Guía esencial de los símbolos

© 2022, Redbook Ediciones, s. l., Barcelona

Diseño de cubierta: Regina Richling

Diseño interior: Quim Miserachs

Fotografías de cubierta: Shutterstock

ISBN: 978-84-9917-659-8

Depósito legal: B-1271-2022

Impreso por Reprográficas Malpe, S.A.
c/ Calidad, 34, bloque 2, nave 7 Pol. Ind. "Los Olivos" 28906 Getafe Madrid

Impreso en España - *Printed in Spain*

Índice

Índice

Prólogo

El origen de la palabra símbolo es el verbo griego *symballein*, que significa «arrojar juntos» o «reunir»; la forma sustantiva es *symbolon*, y la primera aparición registrada de esta palabra corresponde a un precinto de plomo del antiguo Egipto. En la Antigüedad, estas marcas de garantía se fabricaban de diferentes materiales, y con el tiempo *symbolon* pasó a designar la figura que ostentaban dichos precintos o *tesserae*, como se los llamó en latín.

Al mismo tiempo, el verbo *symballein* intervenía en numerosas figuras de dicción con el significado de «asociar», «envolver» y «ocultan». El signo convertido en símbolo codificaba, es decir, ocultaba el sentido manifiesto de lo representado o de un concepto. El observador no iniciado carecía de medios para entender esa codificación.

Por otra parte, *Symbolum* significaba también el acervo de creencias de una colectividad religiosa, un acervo condensado en fórmulas breves y siempre asociado a un carácter misterioso, a un *arcanum*.

Junto a los símbolos distinguimos otras nociones similares –atributos, alegorías, emblemas y siglas–, cuya distinción resulta difícil y casi siempre borrosa. El símbolo, y esta es su característica esencial, puede y debe abarcar un mensaje completo. En esto se diferencia de la alegoría, del atributo, de la metáfora y otros procedimientos alusivos de no fácil delimitación.

En consecuencia, y como quiera que el número de símbolos y de signos dotados de valor simbólico es inagotable, cualquier selección que se haga será siempre *personal* y estará dictada por las preferencia conscientes e inconscientes de quien la realice. Además, y al margen de la imposibilidad de llevar a cabo una recopilación exhaustiva, deberán tenerse en cuenta las componentes de lugar y tiempo que intervienen en cada caso y que abarcan siglos y continentes. Los símbolos emigran y sus significados cambian, lo cual constituye precisamente uno de los campos de estudio más interesantes de las modernas ciencias interdisciplinares.

En nuestra época de saturación de estímulos ópticos corremos el peligro de seguir atrofiando la capacidad de ideación simbólica que nos es innata en tanto que seres humanos. El estudio y el manejo de los símbolos pondrán en nuestras manos medios y recursos que nos permitirán ver el *trasfondo* de las cosas y aprender a combinar las manifestaciones visuales y verbales de este mundo tan maravillosamente rico y abundante.

a

ABANICO. Usado en Babilonia, la India, China y Persia, así como entre griegos, romanos y otras culturas, especialmente como *quitamoscas* simbolizando el rango del soberano. – En el hinduismo es emblema del sacrificio ritual, entre otras cosas, ya que sirve para avivar el fuego del sacrificio. – En China y el Japón ciertos movimientos del abanico servían para ahuyentar los malos espíritus.

ABEJA. Simbólica en relación con varias de sus características, sobre todo: laboriosidad, organización, pureza (porque no vive de las inmundicias como otros insectos, sino del «perfume» de las flores – Símbolo imperial en Caldea y Francia (durante mucho tiempo se creyó que la reina de las abejas era un rey), el lis de los Borbones quizá sea una abeja estilizada. – Entre los egipcios, vinculada al Sol y tenida por símbolo del alma. – Los griegos llamaban abejas a las sacerdotisas de Eleusis y Éfeso (quizá por alusión a la «virginidad» de las obreras). La abeja parece morir en invierno, pero retorna en primavera, de ahí que simbolice la muerte y resurrección (Deméter-Perséfone, Cristo). Entre los cristianos símbolo además de la esperanza por su laboriosidad infatigable; para Bernardo de Claraval lo era también del Espíritu Santo. Por la miel y el aguijón se enriquecen las significaciones: aquélla representa la misericordia de Cristo, el aguijón, a Cristo juez de los hombres. – La creencia medieval de que las abejas no engendraban su progenie sino que la recogían también de las flores justifica su empleo como símbolo de la Inmaculada Concepción. – En ocasiones ha servido como emblema de la elocuencia melosa, de la inteligencia y de la poesía.

ABRAHAM. El patriarca bíblico, interpretado a menudo como figura simbólica de un género humano nuevo, representa al hombre elegido por Dios, cuyas promesas se ven cumplidas (riqueza, descendencia abundante); es además el prototipo de la fe incondicional, la obediencia y la disposición al sacrificio. El «sacrificio» de su hijo Isaac se interpretó a menudo como premonición de la Pasión de Cristo. – Las representaciones del seno de Abraham simbolizan el refugio que encuentran en Dios los creyentes; Abraham, quien según el Nuevo Testamento ocupa en el Paraíso un lugar privilegiado, lleva en una sábana el grupo de elegidos. A veces el transportado en el *seno de Abraham* es Lázaro (con alusión a la parábola del pobre Lázaro).

ABUBILLA. Es la mensajera del amor en la poesía árabe. – Por el adorno de plumas de la cabeza, que puede recordar unos cuernos, y por la proyección de un líquido maloliente para defenderse de sus enemigos, en la Edad Media tuvo alguna significación diabólica, de ahí que acompañase a hechiceros y brujas. Según el *Physiologus* es paradigma de los hijos que cuidan amorosamente de los padres ancianos (cualidad que también se ha atribuido a otras aves, como el acentor de bosque, la cigüeña y la cogujada).

ACANTO. Planta herbácea de las latitudes mediterráneas. La hoja dentada de dos especies de acantáceas proporciona el motivo decorativo de los capiteles corintios y también entrelazados para relleno de superficies. El significado simbólico seguramente remite a las espinas mostrando cómo se resuelve a la perfección una tarea difícil.

ACUARIO. Es el undécimo signo del Zodíaco y corresponde al segundo mes del invierno; el Sol transita por el signo entre el 20 de enero y el 18 de febrero; Saturno (Urano) en él tiene su casa; y los decanes según la astrología helenística son Venus, Mercurio y la Luna (Neptuno), o Saturno, Mercurio y Venus según el sistema indio. Acuario es signo de aire, masculino, positivo (activo) y fijo. La constelación se simboliza con la imagen del Acuario desde los tiempos babilónicos. La *era de Acuario* que ha venido a reemplazar a la de Piscis se anuncia de «intelectualidad apasionada» y ha sido conjurada con vehemencia, por ejemplo en el musical hippie «Hair».

ADÁN. El primer hombre, según el relato bíblico de la Creación, es decir el hombre por antonomasia. Infrecuente su representación por las artes plásticas sin Eva. Según la leyenda fue enterrado en el monte Calvario o Gólgota, de ahí la frecuente presencia de la calavera de Adán en las escenas de la Crucifixión (a veces también con la costilla de la que fue creada Eva, o como esqueleto entero), al pie de la Cruz, aludiendo simbólicamente a Cristo como el nuevo Adán. – En la alquimia Adán representa muchas veces la materia prima. – Según C.G. Jung el simbolismo de Adán corresponde al «hombre cósmico», a la totalidad primordial de todas las fuerzas psíquicas; como tal aparece en los sueños y en figura de sabio anciano.

Adán y Eva, Óleo sobre lienzo de Tiziano. Museo del Prado.

ADÁN y EVA. Según el relato bíblico, la primera pareja humana, es decir la arquetípica. Iconografía más habitual: la escena de la tentación por la serpiente en el Paraíso, a menudo en combinación con el despertar de la vergüenza y la escena de la expulsión. A veces aparecen Adán y Eva flanqueando la Cruz de Cristo en representación de todos los humanos, que hallarán la salvación con tal de que sigan a Cristo. Otros atributos simbólicos que suelen acompañar a Adán y Eva: un cordero a los pies de Eva alude a Cristo, que será uno de sus descendientes. Las ovejas, las espigas y las herramientas aluden a la maldición bíblica del trabajo que recae sobre Adán y Eva desterrados del Edén.

ÁGATA. Piedra muy apreciada desde la Antigüedad como talismán y afrodisíaco, protege contra las tempestades, las mordeduras de serpiente y el mal de ojo. Usada, según el *Physiologus*, por los pescadores de perlas que la sumergen en el mar colgando de un hilo;

el ágata busca la perla e indica su situación, de ahí que se la compare con Juan el Bautista, que nos señaló la perla espiritual con sus palabras «he aquí el Cordero de Dios...».

AGUA. Símbolo de muy complejo campo semántico. En tanto que masa informe e indiferenciada y prescindiendo de si es agua de río, de manantial, de lago o de mar, simboliza la plenitud de todas las posibilidades o el origen primitivo de todo lo que existe, la *materia* prima. En este sentido aparece en numerosos mitos de la Creación; en la mitología hindú, por ejemplo, flota sobre ella el huevo del mundo. El Génesis dice que el espíritu de Dios flotaba sobre las aguas. Numerosos pueblos añaden a esta noción la de un animal mitológico que se sumergió en los abismos y arrebató a las aguas primordiales un pedazo de tierra. El agua es también símbolo de renovación física, psíquica y espiritual, así como de purificación, lo mismo en el islam como en el hinduismo, el budismo y el cristianismo; a esta categoría pertenecen también las nociones del agua en la fuente de juventud. – En China el agua se asignaba al principio yin, aunque también se halla en otras culturas la correspondencia con lo femenino, con la oscuridad de los abismos, con la Luna. La relación simbólica del agua con la fecundidad y la vida es universal, a veces en contraposición con el desierto. Pero también simboliza la fecundidad intelectual y la vida espiritual, por ejemplo, la Biblia alude al agua de vida en sentido espiritual y también como símbolo de eternidad (el agua de la vida eterna). Sin embargo el agua también reviste potencia destructora y puede tener el carácter de un símbolo negativo, por ejemplo en forma de diluvio. – El psicoanálisis ve en el agua, principalmente, un símbolo de lo femenino y de las potencias del inconsciente.

ÁGUILA. Extraordinaria difusión como animal simbólico, por lo general asociado al Sol y al cielo, a veces también con el rayo y el trueno; los rasgos que impresionan son la fuerza, la resistencia, la altura y audacia del vuelo. En varias culturas indias el águila se contrapone como figura solar y celeste al símbolo ctónico, el jaguar. Las plumas simbolizan los rayos del sol y se emplean en ornamentos rituales. – Como «reina de las aves» alude a la realeza y a la divinidad desde épocas muy remotas; en la Antigüedad grecorromana simboliza y acompaña a Zeus (Júpiter). En el arte romano el águila que emprende el vuelo personifica el alma del soberano, o le sirve de soporte conforme va a su apoteosis mientras el cadáver se quema en la pira. Las legiones romanas llevaban el águila en su estandarte. – En la Biblia encontramos el águila como imagen del poder divino que todo lo abarca, o del vigor de la fe. – El *Physiologus* le atribuye las mismas cualidades legendarias que al ave fénix, de ahí su significado medieval como símbolo del renacimiento y del bautismo (y su ocasional presencia en la ornamentación de las pilas bautismales); a veces también de Cristo especialmente como debelador de la serpiente, o como símbolo de su Ascensión (por el vuelo). Los místicos comparan la oración con el águila que remonta el vuelo, cosa que hace mirando cara al sol (según Aristóteles), lo cual justifica que simbolice la contemplación y la iluminación espiritual. Por esto y por la elevación de su vuelo figura como atributo del evangelista Juan (Evangelistas, símbolos de los). – Entre los siete pecados capitales el águila simboliza la soberbia; entre las cuatro virtudes cardinales, la justicia. – C.G. Jung la considera símbolo del padre. – Águila imperial y de blasón continuando la tradición romana, como símbolo de soberanía (en heráldica, numismática, etc.).

AIRE. Según las ideas cosmológicas de muchos pueblos es uno de los elementos primordiales, junto con la tierra, el agua y el fuego. Como éste, es móvil, activo y masculino, a diferencia del agua y de la tierra, que son elementos femeninos y pasivos. El aire guarda estrecha relación simbólica con el aliento y el viento; a menudo se consideró un reino sutil intermedio entre los ámbitos terrenales y los espirituales, y también símbolo del espíritu como aquello que es invisible aunque notemos sus efectos. – La astrología lo consideró vinculado a los signos zodiacales de Géminis, Libra y Acuario.

AJEDREZ. Paradigma de la batalla entre dos partidos contrarios, se han visto en el juego las oposiciones esenciales masculino-femenino, muerte-vida, luz-tinieblas, bien-mal, cielos-tierra, etc. En tanto que campo de acción de la inteligencia previsora ha sido considerado, por ejemplo en la India, imagen del orden cósmico y de la razón cósmica. En la India, China, el Japón y Europa el juego se modifica con arreglo a las propias idiosincrasias culturales; el ajedrez indio representa el ideal indio de gobernación, la preservación de las normas y categorías de la sociedad de castas, y nunca tuvo mucho dinamismo. El ajedrez chino jerarquiza el espacio y contempla el mundo como universo cerrado, en cuyo centro se sitúa el palacio del soberano que ordena ese mundo. También el ajedrez japonés divide el tablero en tres territorios, como el chino; las figuras no tienen una definición autónoma sino que están determinadas por un significado descentralizado y además variable. El ajedrez europeo, en cambio, tiene un carácter totalmente cortesano; mediante nuevas reglas (aumentando, por ejemplo, el radio de acción de la torre, la dama y el alfil; posibilidad de enrocar) se logró dinamizar el tiempo y el espacio del juego.

AJO. Debido probablemente a su fuerte olor, es persistente entre muchos pueblos la atribución de virtudes salutíferas y protectoras, en particular la de exorcizar malos espíritus, el mal de ojo y, especialmente en Centroeuropa, los vampiros. En Grecia se atribuía el efecto protector incluso a la mera enunciación de la palabra «ajo»; en Andalucía se estimula a los niños a pronunciarla apenas arrancan a hablar.

ALFA. Primera letra del alfabeto griego y primera letra de la palabra arché = principio; en la Biblia y en el arte y la literatura cristianas simboliza el instante de la creación.

ALIENTO. Símbolo de las fuerzas cósmicas vivificantes; en muchos casos, también del espíritu, en particular el espíritu creador en el origen del Universo. Así, por ejemplo, el taoísmo desarrolla una noción de las nueve corrientes primordiales del aliento, cuya confluencia gradual produjo, en el principio, el espacio físico indispensable para todos los seres. – En la India desempeña gran papel el concepto de un aliento que todo lo penetra y que pone en relación los diferentes planos del ser. El *atman*, la conciencia individual eterna y espiritual que tiende a reunirse, en el término de su evolución, con Brahma la conciencia divina, originariamente se concibió como un aliento; por otra parte la totalidad psicofísica humana se desarrolla en cinco corrientes distintas pero todas relacionadas con la *serpiente Kundalini*. – Con su aliento Dios en el Génesis insufla vida al hombre que acaba de crear, simbolizando en este caso el espíritu creador.

ALMA. Cualquiera que haya sido el nivel de cultura alcanzado, todos los pueblos tienen la noción de un principio espiritual y vivificante que habita en el hombre. En ocasiones se admitió más de un alma, generalmente dos. Su tipología: *espíritu vital*, identificado con el aliento, la respiración, y localizado en el corazón, en la sangre, en el hígado, en los huesos; el yo, el centro del pensamiento, de la voluntad, de las sensaciones, que sobrevivirá en otro mundo después de la muerte física; el *espíritu* desencarnado, puede alejarse del cuerpo, vagar por distintos lugares en los sueños, habitar el cuerpo de un animal, etc. *Bisexualidad del alma*: todo humano tiene un alma masa

culina y otra femenina. – Algunas creencias también atribuyen alma a los animales e incluso a seres aparentemente inanimados.

ALMENDRA. En tanto que fruto dulce encerrado en una cáscara dura, es el símbolo de lo esencial y lo espiritual que se oculta bajo las apariencias. Símbolo de Cristo, cuya naturaleza humana oculta la divina, y por tanto también de su encarnación. En la Antigüedad y al igual que la nuez, el fruto alojado en el interior de múltiples envolturas representaba los embarazos y la fecundidad, de ahí la costumbre de repartir almendras en las bodas. Por lo laborioso de su extracción para poder consumirlas también simbolizaban la paciencia. De la almendra se extrae un aceite al que los griegos daban una interpretación fálica, diciendo que era el semen de Zeus.

La coniunctio Solis et Lunae. La doncella de azul está de pie sobre la Luna. (De S. Trismosin, *Splendor Solis,* 1582, British Museum, Londres.)

ALQUIMIA. Estudio teórico y experimental de las sustancias químicas, probablemente originario de Egipto y que floreció durante toda la Edad Media y comienzos de la Moderna. Fue un punto culminante de la mentalidad simbólica y representó una íntima imbricación de nociones de las ciencias naturales con otras de orden religioso y psicológico, además estrechamente relacionada con la astrología y la medicina de su tiempo (Microcosmos-macrocosmos). Las prácticas alquimistas tendían a la depuración de las sustancias y a una unión mística entre microcosmos y macrocosmos, todo ello en correspondencia con la purificación espiritual. – Los alquimistas consideraban como elementos, además de los cuatro de la filosofía natural griega (fuego, agua, aire y tierra), los «elementos filosofales» sal, azufre y mercurio.

ALTAR. Lugar elevado *(altus)* en un centro de culto, que casi todas las religiones destinan a celebrar sacrificios y otros actos sacrales. La elevación significa el deseo de llevar las ofrendas adonde moran los dioses o el dios; a veces se interpretaba además el altar como centro espiritual del mundo, en estrecha relación con los simbolismos del monte y del árbol. – En el cristianismo es la santa mesa del ágape con Cristo o el mismo cuerpo de Cristo (el paño blanco simboliza entonces el sudario). Entendido desde el s. IV como lugar de asilo y refugio; ni los peores delincuentes podían ser apresados en la iglesia, ni mucho menos aliado del altar.

AMARILLO. Por cuanto es un color muy claro y de significaciones próximas a las del oro, la luz y el Sol, viene a significar la eternidad y la sublimación; otras veces la madurez, entendiéndose que el amarillo dorado es el color del otoño. – Los chinos le opusieron el negro, aunque estrechamente vinculado con este complementario, de conformidad con las múltiples acepciones de los principios yin y yang. Así, por ejemplo, el amarillo nace del negro como la tierra de las aguas primigenias. Puesto que simboliza el centro del Universo el amarillo es también el color del Emperador. – Se suele discriminar con bastante precisión entre los distintos matices del amarillo, por ejemplo amarillo dorado = el bien, la luz; amarillo sulfúreo = el mal, lo diabólico; en el islam el amarillo dorado es la sabiduría y el buen consejo, el amarillo pálido, por el contrario, la traición y el engaño. – En la Edad Media predominaron las interpretaciones negativas: el amarillo como color de la envidia (así lo creían también los antiguos egipcios), o color nefando que las prostitutas, los judíos y algunas tablas medievales tiene significado positivo por haberse empleado como sucedáneo del oro verdadero.

AMATISTA. Piedra preciosa muy estimada, en la Antigüedad era antídoto contra los venenos y la embriaguez (*amethysios* = no embriagado). – En el simbolismo cristiano representa la modestia puesto que su color recuerda la humilde violeta, además de simbolizar la Pasión de Cristo; de ahí su frecuente utilización para cuentas de rosarios. Es además piedra fundamental de la Jerusalén celeste.

AMULETO. Objeto pequeño que se lleva generalmente sobre el cuerpo; en la cosmovisión mágica le sirve al humano como conjuro (contra los malos espíritus, el mal de ojo, la desgracia, la enfermedad) y talismán de la buena suerte; valorado por la rareza del material o la forma concreta del objeto en tanto que expresión simbólica de las potencias que se desea conjurar. En este aspecto predominan el cuerno, los animales rastreros, la araña, el trébol, la higa, las piedras preciosas, también los nombres, las iniciales, las formaciones naturales llamativas (alruna), las imágenes de santos, etc. La costumbre de lucir joyas seguramente deriva del uso de amuletos. – Conocidos desde épocas prehistóricas, y especialmente difundidos en el antiguo Oriente y China; en Egipto servían para preservar la «supervivencia» de los difuntos. – En parte la creencia en amuletos se mantiene hasta nuestros días.

ANCLA. Áncora, atributo de diversas divinidades marinas. – Al ser la única sujeción de la nave en la tormenta, simboliza la esperanza, sobre todo en la iconografía cristiana (tema frecuente en mausoleos y sarcófagos), así como la constancia y la fidelidad. Provista de un travesaño sirvió como enseña secreta de la Cruz entre los primeros cristianos.

ÁNGELES. La noción de una corte celestial o consejo que asiste al Dios de Israel se abre paso tardíamente (todavía los ángeles del arte paleocristiano carecen de nimbo y de alas, siendo más parecidos a la idea judía de unos simples *mensajeros* de Dios, que es como los describe el Antiguo Testamento) por influencia de los zoroástricos y de la literatura apocalíptica de los ss. I y II, que desarrollan en particular la función de los ángeles como mediadores entre los reinos de este mundo y el Reino de Dios; en el s. V el pseudo-Dionisio estableció las tres jerarquías angélicas, cada una de las cuales se subdivide a su vez en tres coros: 1.ª *serafines, querubines y tronos*; 2.ª *dominaciones, virtudes y potestades*; 3.ª *principados, arcángeles y ángeles*.

ANILLO. En razón de su figura que no tiene principio ni fin, simboliza la eternidad; además representa los vínculos, la fidelidad, la afiliación a una comunidad, de ahí que sea también, a menudo, símbolo de un cargo o de una autoridad (anillos oficiales de los senadores romanos, los funcionarios, los caballeros, los doctores, los obispos). En el simbolismo del anillo interviene también la noción de las virtudes mágicas del círculo, incluyendo la atribución de propiedades apotropaicas (contra el mal de ojo, por ejemplo), de ahí que se use también como amuleto. La pérdida o la rotura del anillo anuncian una desgracia según la superstición popular.

ANKH. La *cruz ansata* de los egipcios, simboliza la fecundación de la Tierra por el Sol, así como la vida. Muy abundante en el arte egipcio, con frecuencia en manos de dioses y reyes. En las representaciones de ritos funerarios la sujetan por arriba (a manera de llave que abre el reino de los difuntos). – Los egipcios cristianos (coptos) adoptaron el ankh para aludir a la Cruz de Cristo como fuente de vida.

ANTORCHA. En tanto que forma concentrada, reducida a un punto determinado, del elemento fuego, participa en gran medida del simbolismo de éste. Interviene en los ritos de iniciación por cuanto purifica e ilumina. En la Antigüedad, una antorcha en manos de un joven o de un genio, y vuelta hacia abajo, es obvio emblema de la muerte (extinción de la vida). – En las representaciones medievales de los pecados capitales, a veces la ira se simboliza por medio de una antorcha. – En las tradiciones populares, y sobre todo en invierno y primavera, sirvió como símbolo de la fecundidad.

APOCALIPSIS. Último libro canónico y único profético del Nuevo Testamento, escrito por San Juan en Patmos; contiene 7 epístolas a diversas comunidades cristianas del Asia menor, así como visiones – en parte de difícil interpretación – sobre el fin de los tiempos, que provó inmediato, además de anunciar los horrores que traerá consigo el reino del Anticristo y profetizar su derrota.

ARAÑA. Animal simbólicamente ambivalente; por una parte, su artística tela de construcción radial, en donde ella ocupa una posición central, significó, por ejemplo en la India, el orden cósmico: ella es la «tejedora» del mundo sensorial. Puesto que la misma araña produce los hilos de su tela como el Sol sus rayos, es también un símbolo solar, y desde este punto de vista la telaraña puede simbolizar también la emanación del espíritu divino. También, porque es capaz de trepar ayudándose con un hilo que ella misma segrega, los Upanishad la toman por símbolo del hombre que se supera espiritualmente. – En el islam las arañas blancas son benéficas y las negras maléficas. – En la Biblia, y atendiendo a la facilidad con que se rompe la telaraña, es símbolo de las esperanzas vanas, de lo efímero y de los «malos instintos». – En el imaginario popular la araña, por su picadura mortal, se contrapone en ocasiones a la abeja; según la superstición, la araña anuncia buenos o malos sucesos venideros según la hora a la que ha sido vista.

ÁRBOL. Es uno de los símbolos más difundidos y semánticamente más ricos; en tanto que potente representación del reino vegetal adquiere trascendencia religiosa como imagen o morada de divinidades o poderes numinosos. Las especies *caducifolias* con su vestido de hojas que se renueva todos los años expresan la muerte siempre vencida por el renacimiento de la vida; las de *hoja perenne* simbolizan la inmortalidad. La figura del árbol con sus raíces firmemente plantadas en el suelo, el tronco recto y ascendente y la copa que parece querer abarcar el cielo sirvió con frecuencia para expresar la idea de la vinculación entre los dos aspectos cósmicos, el de lo subterráneo, ctónico, telúrico, y el de lo celestial. Éstos a su vez contribuyen a formar la idea del *Árbol del Mundo,* como soporte del planeta o más a menudo como figuración del eje planetario (por ejemplo en la mitología nórdica el siempre verde fresno Ygdrasil); las ramas y el follaje de estos árboles del mundo suelen estar poblados de animales mitológicos y ánimas de difuntos o nonatos (a menudo representadas por pájaros), o es el lugar donde se ocultan la Luna y el Sol antes de su salida y después del ocaso; aludiendo probablemente al Zodiaco hallamos en algunas mitologías, especialmente la india y la china, doce pájaros solares que habitan la copa del árbol del mundo, y que además pueden simbolizar diversas etapas de la evolución espiritual o del ser. – Son muy corrientes las interpretaciones antropomórficas del árbol (que crece erguido como el ser humano y como éste nace, se desarrolla y muere) y algunos pueblos, por ejemplo de Asia central, Japón, Corea, Australia, lo consideran antepasado mítico del hombre. Análogo sentido de identificación tiene la ceremonia difundida todavía en varias regiones de la India que consiste en casar a la

a

novia con un árbol antes de la boda propiamente dicha; y también las bodas simbólicas entre dos árboles cuya vitalidad se quiere transmitir a una determinada pareja humana. – Como proporciona fruto, sombra y cobijo el árbol es símbolo femenino y materno en muchas culturas, aunque el tronco por su verticalidad reviste significado fálico. – También es muy común la asociación entre el fuego y el árbol así como la energía vital atribuida a éste; se concibe el fuego como una potencia oculta en la madera siendo preciso frotar para extraerla. – En la tradición hindú figura la noción de un árbol *invertido*, es decir que arraiga en el cielo y extiende sus ramas bajo tierra, posible símbolo de la energía vivificante del Sol, en lo físico, y de la luz o iluminación espiritual. El árbol invertido, según el Bhagavad Gita, representa cómo todo lo que es nace de una causa primigenia: las raíces son el principio de todo lo fenoménico, las ramas su realización concreta y detallada. Aún son posibles otras interpretaciones; en la Cábala es el árbol de la vida, y para el islam, el de la felicidad. En *La Divina Comedia* (Purgatorio, canto 22), Dante dice que el árbol del conocimiento crece de arriba abajo, que no puede ser escalado y que sale de entre sus ramas una voz que va desgranando ejemplos de templanza. – En la Biblia hallamos dos figuraciones principales, el árbol de la vida y el de la ciencia del bien y del mal; el primero simboliza la abundancia paradisíaca originaria y también la promesa de su recuperación al final de los tiempos; el segundo, con sus frutos seductores, la tentación de obrar contra los preceptos divinos. En su arte y literatura el cristianismo traza frecuentes vínculos simbólicos entre los árboles paradisíacos y el leño de la Cruz, «que nos ha devuelto el Edén» (cruz enramada) y que es el «verdadero árbol de vida». – El psicoanálisis aprecia en el árbol un campo simbólico importante, relacionado con la madre, con el desarrollo psíquico-espiritual y también con la muerte y el renacimiento.

ÁRBOL DE BODHI. Es la higuera bajo la cual Buda recibió la iluminación (= bodhi), por lo que simboliza al mismo Buda.

ÁRBOL DE NAVIDAD. En casi todos los países cristianos existe la costumbre de exponer un árbol (una conífera) decorado con velas y otros adornos. Aunque no se generalizó hasta el s. XIX, su origen se atribuye a celebraciones paganas coincidentes con el comienzo del invierno (25 diciembre a 6 enero), periodo durante el cual se temían en particular las asechanzas de los espíritus malignos; para defenderse de ellas colgaban ramas verdes en el interior de las viviendas y encendían lámparas. – Para el cristianismo, el árbol navideño remite al verdadero árbol de la vida, que es Cristo; las luces simbolizan la «Luz del mundo» que nació en Belén, y las manzanas con que muchas veces suele adornarse (envueltas en papeles de colores o simbolizadas a su vez por bolas de vidrio) remiten al árbol edénico de la ciencia, y por consiguiente al pecado original del que nos redimió Jesucristo, en cuyo sentido el árbol representa asimismo la promesa del futuro retorno al Paraíso.

ÁRBOL DE LA VIDA. *Tuya*, símbolo de inmortalidad como todas las plantas siempre verdes. – En el *arte cristiano*, la figura de una Cruz que echa hojas y flores simboliza la victoria sobre la muerte (en portales y en monumentos funerarios); cuando representa el

a

El árbol de la vida representa, para el cristianismo, el estado inmaculado de la humanidad libre de corrupción y pecado original.

Paraíso del fin de los tiempos suele tomar semejanza de palmera o de olivo. – En el *arte popular*, motivo ornamental muy difundido. – En las culturas nórdicas remite al fresno Ygdrasil o árbol del mundo; este mito de los germanos y los celtas fue reinterpretado por la tradición cristiana asimilándolo al simbolismo de la cruz.

ARCA. Para los cristianos, el *arca* de *Noé*, nave o caja que le sirvió a Noé para salvarse del diluvio con su familia y las parejas de animales elegidos, prefigura la salvación que debemos al bautismo; es también símbolo de la Iglesia y de la totalidad de la doctrina religiosa que no debe perecer. – C.G. Jung considera el arca un símbolo del seno materno. – El *arca* de *la Alianza* era el símbolo de la presencia de Dios entre su pueblo, el israelita; también recibe este nombre la madre de Dios como mediadora de la salvación.

ARCA DE LA ALIANZA. Construida de madera y revestida de oro, el Arca se guardaba en el Tabernáculo y contenía las tablas de la Ley, el vaso del maná y la vara de Aarón; la flanqueaban

El Arca de la Alianza representa el nexo entre Dios y el ser humano

dos querubines de oro y desde ella hablaba el Señor con Moisés y los sacerdotes. En la imaginería medieval el Arca era símbolo mariano porque María llevó en su seno a Cristo, la nueva Ley. Se supone que tenía forma de cajón, de donde la vinculación con el simbolismo de la caja (y por tanto, con el Arca de Noé).

ARCO. Entre las *armas de caza* y de *guerra*, sólo la honda rivaliza con el arco en antigüedad y difusión. Se compone de una madera forzada a curvarse por la tensión de una cuerda, a fin de lanzar las flechas. Conocido ya por la cultura de La Tène, siguen utilizándolo muchos pueblos naturales. Arco y flecha.

ARCO IRIS. Símbolo frecuente de la alianza entre los cielos y la tierra. Según la tradición talmúdica fue creado al término del sexto día. En la mitología griega es una forma que adopta Iris, la mensajera de los dioses; en la germánica es el puente *Bifröst*, que pone en comunicación las tierras de Asgard y Midgard. – Después del Diluvio el Señor hizo aparecer un arco iris en señal de alianza con los humanos; en muchas representaciones medievales del

Juicio Final, Jesucristo está entronizado, recordando la misma
alianza, sobre un arco iris; por eso fue también símbolo de María
como mediadora o conciliadora. La interpretación simbólica de los
colores depende del número de ellos que se distinga; en China,
por ejemplo, veían cinco colores cuya síntesis simbolizaba la unión
entre yin y yang. En el cristianismo y por cuando se atenían a la
tricotomía de la tradición aristotélica se diferenciaban sólo tres colores fundamentales (simbolizando la Trinidad), o bien el azul (las
aguas del Diluvio, o el celeste del origen de Cristo), el rojo (futuro
incendio universal o Pasión de Cristo) y el verde (el nuevo mundo,
el Reino de Cristo en la tierra).

ARCO Y FLECHA. Símbolo de la guerra y del poder. El arco

por su tensión suele expresar energía vital, la *flecha* es símbolo
de la velocidad y también de la muerte que nos alcanza inopina-
damente (de una epidemia, por ejemplo); con frecuencia simboliza un movimiento capaz de saltarse unos límites preestablecidos.
Otras veces representa los rayos del Sol (por ejemplo las flechas
de Apolo); con esto participa del simbolismo de la luz y del conocimiento. En ocasiones se aprecian significados fálicos; en particular
el *arquero* o *sagitario* del arte medieval participa de la alusión a la
sensualidad y a la lujuria; parecida interpretación tiene el *centauro*
que dispara flechas. Amor (Cupido) aparece a menudo provisto de
carcaj y flechas con las que hiere a los enamorados. – En el hinduismo y el budismo la sílaba *Om* se describe como una flecha lanzada
por el hombre, que es el arco, y que atraviesa las extensiones de la
ignorancia para alcanzar al Ser más alto y verdadero; otras veces
Om es el arco que envía al yo al encuentro de lo Absoluto, del Brahma, con el que aspira a unirse. – El tiro al blanco con arco y flecha
en actitud de máxima abstracción mental es una conocida técnica
meditativa japonesa (kyudo) que tiende a separar las acciones de
la propia voluntad mediatizada por el yo; en el islam hallamos prácticas similares

ARO. Hierba perenne de rizoma carnoso y hoja blanquecina de peciolo largo, atributo mariano en la Edad Media; como además remite a la vara florida de Aarón se vincula, lo mismo que ésta, con el simbolismo de la Resurrección.

ARPA. Con la lira, el instrumento de cuerda más importante en el antiguo Oriente; muchas veces ambas se confunden (cuerdas pulsadas, en ambos casos). El arpa empezó por tener 7 cuerdas, más tarde aumentadas a 19 o 20 y, entre los griegos, a 35. Mencionan con frecuencia el arpa la antigua poesía germánica y la irlandesa.

ARQUETIPOS. Son las Ideas o modelos eternos de las cosas según la filosofía del periodo tardío de la Antigüedad. C.G. Jung aplicó esta noción para designar las figuras simbólicas e imágenes que, formando parte de un acervo común de la Humanidad («inconsciente colectivo»), podemos encontrar tanto en los sueños como en los mitos, los cuentos, etc., y expresan simbólicamente el concepto del eterno retorno de las mismas estructuras en la evolución individual.

ARROZ. En los países asiáticos, alimento principal como lo es el trigo en Europa, de ahí que haya muchos simbolismos comunes. – En el Japón la despensa llena de arroz tiene, además del significado obvio de prosperidad, el de riqueza espiritual. En China era símbolo de inmortalidad, especialmente la variedad roja. – Las labores de su *cultivo* son muy penosas, circunstancia que se atribuía a una ruptura entre los cielos y la tierra.

ARTEMISA. Genéro de plantas compuestas, cuyas flores se usaron, entre otras cosas, para los ramos de novia, y por tanto vinculadas también a María, la novia celestial.

ASCENSIÓN. Representación de una figura que se eleva al cielo, muchas veces con los brazos abiertos o levantados. Simboliza, o bien el tránsito del alma después de la muerte (águila), o una consagración, una vocación espiritual, la unión con la divinidad.

ASNO. Los significados que se le atribuyen son muy contradictorios. En Egipto el asno rojo era un ser temible que salía al encuentro de las ánimas de los difuntos. – En la India es la cabalgadura de las divinidades destructoras. – La Antigüedad clásica vio en el asno un animal necio y obstinado; sin embargo no lo consideraban indigno de ser ofrecido en sacrificio al oráculo de Delfos; Dioniso y sus seguidores cabalgaban sobre asnos, y los romanos relacionaban a este animal con el dios de la fecundidad, Príapo. – En la Biblia aparece a veces como imagen de la lujuria, pero también se lo menciona en diversos contextos positivos; por ejemplo la burra de Balaam, que habló, expresa cómo las criaturas más humildes a veces entienden mejor que el hombre la voluntad de Dios. El asno y el buey de los Nacimientos tal vez indican el cumplimiento de la profecía de Isaías, «el buey conoce a su dueño, y el asno el pesebre de su dueño», entendiéndose por algunos que el asno simboliza a los pueblos paganos y el buey al pueblo judío. La entrada de Cristo en Jerusalén a lomos de una pollina suele interpretarse como emblema de humildad y modestia, pero por otra parte, en la época las pollinas y más las de color blanco eran signo de distinción. – El arte romántico utilizó el asno como símbolo de la lujuria, la pereza y la necedad; el asno que lee un misal suele remitir a la célebre fiesta medieval de los asnos.

ÁSPID. *Áspide*, serpiente o dragón (a veces representado como cuadrúpedo), que aparece con frecuencia en las artes plásticas y los códices medievales junto con el basilisco y el león. En algunas figuraciones aparece con un oído pegado al suelo y tapándose el otro con el rabo, símbolo de la obstinación en el mal.

ASTROLOGÍA. El estudio del sentido espiritual que actúa en los astros, presuponiendo por tanto -aunque esto suele ignorarse- la existencia de *espíritus astrales*, es decir la opinión de que los cuerpos celestes aúnan entidad inmaterial con la presencia material. Otros supuestos básicos de la astrología son la no uniformidad del tiempo, cuyos periodos se entienden cualitativamente distintos entre sí (de donde la necesidad de establecer una ciencia del calendario y de proceder a las necesarias observaciones de los ciclos y periodos de los astros, las reglas de su orto y ocaso, etc.), y la idea de un vinculo cualitativo entre objetos de distintas categorías; por ejemplo el planteamiento microcosmos-macrocosmos siempre trata de relacionar todos los asuntos terrestres con los signos celestiales,

por más abstrusa que resulte la explicación. – La astrología y la alquimia son parientes y los respectivos sistemas de definiciones y de símbolos resultan, en parte, intercambiables.

AURIGA. El que conduce el carro simbolizaba en la Antigüedad el hombre capaz de dominar los instintos y las pasiones, por tanto personifica el imperio de la razón.

AURORA. Símbolo general de esperanza, de juventud, de plenitud de posibilidades, de nuevo comienzo. Personificada entre los griegos como la diosa *Eos*, «la de los rosados dedos», que precede al carro solar, hermana de Helios (el Sol) y de Sélene (la Luna). – En el lenguaje simbólico del cristianismo se llamó en ocasiones Aurora a María porque anuncia el Sol de Cristo.

AVELLANO. Tiene diferentes funciones en los ámbitos de las creencias populares y las prácticas mágicas, todo lo cual deriva posiblemente de su flexibilidad, de la creencia de que estos árboles no atraen los rayos y de su floración temprana. Protege contra los espíritus malignos y las serpientes. La vara de avellano fue instrumento favorito de zahoríes, creyéndose que daba seña ante la proximidad de una vena de agua o una veta de oro; posteriormente se utilizó también para embrujos.

AVESTRUZ. Las plumas de avestruz eran sagradas para los egipcios por cuanto simbolizaban la justicia y la verdad (personificación de la diosa Maat, rectora del orden universal). – En las creencias medievales que refleja el *Physiologus* el avestruz no incuba los huevos sino que se queda mirándolos hasta que nacen los polluelos, por lo cual simbolizaba la meditación. Según otras ideas, la hembra de avestruz pone los huevos en lugar expuesto al Sol para que se incuben solos: símbolo de Cristo que fue despertado por Dios. El huevo de avestruz es símbolo además de la maternidad virginal de

María. – La misma creencia tomada en sentido negativo, es decir que el avestruz abandona sus huevos, representa al hombre que no quiere acordarse de su Dios. A veces la imagen del avestruz que esconde la cabeza bajo la arena se utilizó para representar la obcecación de la Sinagoga (y en otras ocasiones, la pereza como pecado capital), significado que hoy se aplica a las personas que puestas ante realidades desagradables prefieren cerrar los ojos.

AZUFRE. En la alquimia (citado por lo general en latín, *sulphur* o *sulfur*), elemento filosofal y principio universal junto con la sal y el mercurio. Representa «lo ardiente» o la energia y el ánima de la naturaleza; se equipara con el Sol en diferentes contextos. – Las creencias populares del medioevo trasladaron estos contenidos simbólicos aproximándolos a lo infernal; el azufre, su llama y su olor pasan a ser atributos del diablo.

AZUL. El color del cielo, de la lejanía, del agua, revestido por lo general de estas cualidades: transparente, puro, inmaterial, frío. El color de lo divino, de lo verdadero, y lo mismo que el firmamento parece trabado en todos los sentidos, emblema de perseverancia en la verdad y, por tanto, de la fidelidad. – Es también el color de lo irreal, lo fantástico (flor azul), de la tristeza en algunos idiomas. – En el antiguo Egipto los dioses y los reyes solían ostentar barbas y pelucas azules. – Las imágenes de las divinidades hindúes Shiva y Krishna presentan a éstas de color azul, o azul y blanco. – Los tronos de Zeus y Yahvé descansan sobre el azul del firmamento. – En los retablos cristianos de la Edad Media la lucha entre los cielos y la tierra suele representarse contraponiendo azul y blanco al rojo y al verde (por ejemplo en los combates de san Jorge con el dragón). Como símbolo de pureza el azul es también el color del manto de la Virgen. – En Oriente, y especialmente en los países islámicos, el azul protege contra el mal de ojo.

El mito de la Torre de Babel es uno de los muchos que existen sobre el origen de las lenguas orales.

BABEL. Babilonia en la grafía hebrea, y símbolo (a partir de Gén. 11, 1-9) de la soberbia y la desmedida humanas; la construcción y ruina de la torre demuestran la imposibilidad de saltarse los límites impuestos por Dios. La confusión de lenguas y la consiguiente imposibilidad de terminar la torre tienen su contrapartida positiva en el Nuevo Testamento: la venida pentecostal del Espíritu Santo y el don de hablar en lenguas. De acuerdo con una tradición conservada hasta la Edad Media, fueron 72 las lenguas que nacieron de la confusión, y el hecho de que el relato bíblico mencionase una cifra precisa iba a fecundar la discusión sobre el número de lenguas existente en todos los pueblos del mundo. El prototipo de la torre de Babel fue un templo escalonado tipo ziqqurat. De la época medieval abundan mucho las escenas de «construcciones» con una rampa externa en caracol.

BALANZA. Símbolo del equilibrio y de la medida, de la acción justa, y por consiguiente de la administración de justicia y la Justicia en sí, incluido el juicio de los difuntos. En los libros egipcios de los muertos, Horus y Anubis pesan el corazón del difunto en presencia de Osiris usando como contrapeso una pluma de avestruz, lo cual es motivo artístico muy frecuente. – En la Antigüedad fue símbolo de poder y justicia, talla balanza de oro en manos de Zeus, según Homero. – También es muy conocido el tema cristiano del arcángel Miguel pesando las almas con una balanza en las representaciones del Juicio Final. – La Balanza o Libra es el séptimo signo del Zodiaco y corresponde al primer mes de otoño; el Sol pasa por la constelación entre el 23 de septiembre y el 22 de octubre; Saturno está exaltado en Libra, Venus tiene su casa en este signo y los decanes que le asigna la astrología helenística son la Luna, Saturno y Júpiter (Venus, Saturno y Mercurio en el sistema indio). Es signo de aire, masculino, positivo (activo), y signo cardinal. No queda claro el origen de la figura (la balanza) para designar la constelación.

BALLENA. Ocasional símbolo de los poderes del abismo, con diversas connotaciones; la encontramos, por ejemplo, en la narración bíblica del profeta Jonás, quien rehuyendo la misión de predicar en Nínive fue arrojado por la borda y devorado por un pez grande, habitualmente descrito como ballena, que lo escupió a los tres días (a su vez esto se interpreta como alusión simbólica a la muerte de Cristo, su entierro y Resurrección). El *Physiologus* destaca especialmente su ingente tamaño («como una isla de grande»). – En las cosmogonías de diversos pueblos figura como portadora del universo, en lo que se compara con otros animales (elefante, cocodrilo, tortuga).

BAMBÚ. Considerado como planta de la buena suerte en el Extremo Oriente, es tema frecuente de una escuela de pintura meditativa; los nudos, las secciones del tallo y su rectitud simbolizan para el budismo y el taoísmo el camino y las diversas etapas de la evolución espiritual.

BANDERA. Símbolo de soberanía así como de la pertenencia a un grupo o nación; en la guerra símbolo del honor y el valor militares, a defender en caso necesario hasta el sacrificio de la propia vida. Las *banderas al viento* se interpretan muchas veces como signo de los que se disponen a partir, o miran el futuro procurando hacer acopio de fuerzas para cambiar las cosas. – En la simbología del arte cristiano, Cristo o el Cordero ondean una enseña como emblema de la Resurrección y la victoria sobre el poder de las tinieblas.

BAÑO. En sentido *positivo*: lugar de purificación, renovación, renacimiento; en alquimia, lugar de las reuniones místicas; en *negativo*, y sobre todo como baño caliente: lujo, molicie, escenario de placeres sensuales y lujuriosos. Los cultos de muchos pueblos incluyen ritos como el lavatorio o la inmersión, que limpian los pecados (bautismo). En la Antigüedad se daban baños ceremoniales incluso las estatuas de los dioses, como signo de convalidación de las relaciones entre humanos y divinos, por ejemplo Hera y Afrodita. – El psicoanálisis también interpreta el baño como expresión de un deseo inconsciente de regresar al útero materno. Lavatorio de manos y pies.

BAPTISTERIO. Pequeña piscina, más adelante reducida a pila bautismal, dedicada por lo general a Juan Bautista y desde el s. III cubierta en edificio independiente o anexo a basílicas o catedrales, el cual se enriquece en ocasiones con nichos, deambulatorios o dependencias, aludiendo simbólicamente a las termas o los mausoleos de los antiguos. En el decurso de la Edad Media la pila o pileta bautismal va entrando en el cuerpo principal de la iglesia. Los baptisterios muchas veces se ejecutaron en planta octogonal como símbolo de la vida renovada después del bautismo.

BARBA. Símbolo de fuerza y virilidad; la barba larga simboliza además la sabiduría. Los dioses, los soberanos y los héroes suelen presentarse barbudos (Indra, Zeus, Hefesto, Poseidón y el Dios de los judíos y cristianos). En Egipto se representaba con barba, como enseña del poder, incluso a las reinas. Los enanos mitológicos tienen barba larga y encanecida por el tiempo. En la Antigüedad se dignificaban con el porte de la barba los filósofos; por el contrario Cristo suele aparecer, hasta el s. VI, sin barba, es decir en figura de adolescente. – En muchas culturas, el cortarle a uno la barba era grave ofensa y signo de enemistad, y el rapársela uno mismo servía como demostración de luto.

BARCA. Frecuente símbolo del tránsito entre el reino de los vivos y el de los difuntos, o viceversa, según se representa en los mitos de muchos pueblos. En la mitología griega, por ejemplo, el barquero Caronte pasaba a las ánimas cruzando las aguas que delimitaban el reino de las sombras (la laguna Estigia, el río Aqueronte). – Para los egipcios Ra o Re cruzaba los cielos durante el día en su barca diurna, y luego recorría con la barca nocturna los mundos subterráneos. – Es corriente la comparación de la media Luna con una barca. – Por su forma que permite remar en dos sentidos opuestos, representaba también a Jano, la antigua deidad romana de dos rostros.

BASILISCO. Animal fabuloso, engendro de un huevo de gallina fecundado por una serpiente (o viceversa), o criado en el estiércol, en el simbolismo del periodo tardío de la Antigüedad más parecido

b

Grabado con una comadreja luchando con un basilisco en forma de gallo con cola de reptil, del siglo XVII, de Wenceslas Hollar.

a la serpiente; en la Edad Media, gallo con rabo de serpiente, o cuerpo de serpiente, patas de ave y a las espinosas, al que se atribuía la propiedad de matar con el aliento o la mirada. Utilizado como imagen de la muerte, el diablo, el Anticristo o el pecado; a veces vencido y pisoteado por Cristo victorioso.

BAUTISMO. Ablución ritual por inmersión o aspersión con agua, que tiene el sentido de la *purificación* espiritual; difundido en muchas culturas, por lo general formando parte de ritos del nacimiento, de la defunción o de la iniciación. Las religiones orientales suelen incluir el baño espiritualmente renovador en aguas de ríos sagrados, como el Éufrates o el Ganges. – En los cultos de Atis y Mitra se practicaba el bautismo con sangre de toro. – A diferencia de las abluciones o lavatorios que se repiten litúrgicamente, el bautismo cristiano (antiguamente practicado por inmersión) es un acto único, que consagra definitivamente el ingreso en la Iglesia cristiana. El bautismo de Cristo fue, al mismo tiempo, una purificación espiritual y el descenso del Espíritu Santo. De acuerdo con san Pablo el bautismo por inmersión de los cristianos era muerte y resurrección en Cristo. Lavatorio de manos y pies.

Los israelitas adorando el becerro de oro. Primera mitad del siglo XVIII. Pluma sobre papel atribuido a Aureliano Milani, Museo del Prado.

BECERRO DE ORO. Según la leyenda, el ídolo en forma de becerro o de toro que Aaron hizo colocar junto al Sinaí, alrededor del cual bailaron los israelitas mientras Moisés se hallaba en la montaña recibiendo las Tablas de la Ley; representa la tentación constante que el culto de Baal representó para el pueblo de Israel. – En el lenguaje moderno simboliza el afán desmedido de bienes materiales.

BESO. Es de suponer que en principio seria la acción de transmitir el alma, en tanto que residente en el aliento, concibiéndose también como transmisión de fuerzas y de vida. – Expresión, por lo general, de entrega espiritual y señal de veneración, ya que aparte la realidad de su contenido erótico (sublimado simbólicamente en las ceremonias matrimoniales), el beso también ha tenido siempre un significado sacro. En Egipto, por ejemplo, se le besaban los pies al rey-dios, y no son pocas las culturas que exigieron esa muestra de sumisión al soberano, al sumo sacerdote o al juez. – En la Antigüedad se besaba el umbral del templo, el altar y la imagen del dios. Aún hoy los islámicos emprenden peregrinación a la Meca para besar la piedra negra de la Ka'aba. – En el cristianismo primitivo, el ósculo de la paz, o de la hermandad, era señal de pertenencia a una misma comunidad (y forma parte de la celebración de la Pascua en la Iglesia oriental), como también lo es en algunas agrupaciones no religiosas, así como entre parientes y amistades, aunque con el significado simbólico bastante atenuado en estos casos. – Los besos en el altar, en la Cruz, en las Escrituras, en las reliquias, etc., son en la liturgia cristiana símbolo y también prenda de unión espiritual. – En la Edad Media el beso fue también testimonio de reconciliación. – Una especie de sucedáneo del beso representa el *beso arrojado*, gesto que parece inspirado en nociones mágicas. – La utilización abusiva se recuerda en el beso de Judas, todavía hoy símbolo de amabilidad hipócrita en nuestro idioma.

BLANCO. El color de la luz, de la pureza y la perfección. En realidad no es un color (sino la suma de todos ellos), como tampoco lo es su contrapartida el negro; en la escala cromática el uno y el otro tienen por ello un lugar de excepción. Representa lo absoluto, el principio y el fin, la reunión de los extremos; de ahí su presencia en ritos de nacimiento, de bodas, de iniciación y de defunción; color del luto, por ejemplo en los países eslavos y en Asia, durante algún tiempo lo fue asimismo en la corte de Francia. – El blanco era el color preferido en los animales elegidos para el sacrificio. – Las ropas de los sacerdotes a menudo eran blancas para evocar el simbolismo espiritual y luminoso de dicho color, que por análoga razón también lo es de los ángeles y los bienaventurados. Los cristianos recién bautizados vestían una túnica blanca; en la transfiguración de Cristo sus ropas aparecieron «blancas como la nieve», y son blancas las ropas de las novias, de las postulantes al ingreso en la vida monástica y las de la primera comunión, siempre con el sentido de inocencia y virginidad. – Pero el blanco es asimismo, en contraposición con el rojo, el color de los fantasmas y los espíritus; es también frecuente la contraposición rojo = hombre, blanco = mujer.

BODAS. *Matrimonio*, es la imagen que utilizan muchas religiones para describir la unión de fuerzas divinas entre sí (aunque generalmente personificadas) o entre humanos y dioses, o entre el alma y el cuerpo. En la alquimia designa particularmente la unión de los contrarios. La Antigüedad clásica nos ofrece numerosas parejas de dioses, por ejemplo Zeus (Júpiter) y Hera (Juno), y también muchas uniones del dios padre con mujeres mortales. – El Antiguo Testamento menciona las bodas de Yahvé con la nación de Israel, y el Nuevo contiene varias alusiones a la Iglesia cristiana como esposa de Cristo. En la Iglesia católica las monjas, cuando reciben los hábitos, toman además el velo, la corona y el anillo como expresión simbólica de sus bodas con Cristo.

Las bodas de Tetis y Peleo, de Jacques Jordaens.

b

BOJ. En la Antigüedad, consagrado al Hades y a Cibeles; todavía hoy sigue siendo planta de los muertos y, al mismo tiempo, símbolo de la inmortalidad (por la hoja perenne). Por su consistencia y dureza simboliza también la firmeza y la perseverancia; los francmasones lo tuvieron en cuenta al emplear la madera de boj para su martillo simbólico.

BOSQUE. Desempeña importante función en las ideas religiosas y las supersticiones populares de numerosos pueblos como lugar sacro y misterioso, por donde andan dioses benévolos y maléficos, espíritus y demonios, endriagos, hadas, dríadas, etc. Los *bosques sagrados* que llevaban aparejado el derecho de asilo son conocidos en muchas culturas. De ahí que la representación del bosque o de los bosques como escena río de sucesos dramáticos remita con frecuencia a los dominios de lo irracional, aunque a veces cobra un sentido de refugio protector. – En tanto que lugar alejado del mundanal ruido es, como el desierto, retiro favorito de ascetas y ermitaños y, por tanto, símbolo de concentración espiritual y de vida interior. – Es asimismo el escenario de los cuentos populares, las leyendas, la poesía y las canciones. – El psicoanálisis suele considerar el bosque como una imagen del inconsciente, relación simbólica que se manifiesta en los sueños y también como fobia (a entrar en la oscuridad del bosque); en ocasiones se interpreta como símbolo de la mujer, en especial el monte boscoso.

BRAZO. Símbolo de la fuerza y del poder; el brazo tendido suele serio también de la autoridad judicial. – Algunas divinidades hindúes tienen más de un par, significando que son todopoderosas. – En la liturgia cristiana los brazos abiertos expresan la elevación del alma o la petición de gracia. El brazo (o la mano) que aparece en una escena como saliendo del cielo, en la iconografía cristiana medieval representa la acción de Dios. – Los brazos levantados como ademán del inferior expresan rendición, renuncia a todo intento de defenderse.

BRUJAS. La creencia en brujos y brujas deriva parcialmente de un complejo de arraigadas supersticiones populares, como la creencia en hechizos y demonios familiares; son individuos que han establecido un pacto con el Diablo y por ello disponen de poderes sobrenaturales, por ejemplo el de volar para acudir al aquelarre, etc.; la *caza de brujas* como psicosis colectiva –que a su vez ha dado nombre a toda una serie de parecidas manifestaciones de patología sociales de origen predominantemente oriental (hay casos documentados en la Antigüedad)–, pero tuvo su punto culminante en las persecuciones organizadas al alimón entre la Iglesia y el brazo secular sobre todo a partir del s. XIV y hasta la época de la Ilustración; las brujas «convictas» eran condenadas a la hoguera.

BUEY. Símbolo de fuerza pacifica y benévola, diferente de la fiereza del toro. Los bueyes y los búfalos eran animales sagrados en Oriente y en Grecia, y preferidos para los sacrificios. En el lejano Oriente, el búfalo era la cabalgadura de los sabios, y así emprendió Lao Tse su viaje hacia Poniente. – Al igual que el asno, el buey casi nunca falta en los pesebres que representan el nacimiento de Jesús. – En los capiteles románicos un buey también puede simbolizar la noche. – El Buey es el 2.º signo del Zodíaco chino, y corresponde a Tauro.

BUITRE. En diversas culturas amerindias, animal simbólico vinculado a los poderes purificadores y vitalizantes del fuego y del Sol; entre los mayas era también símbolo de la muerte. – Como devorador de carroña, de la que luego extrae su energía, en África se decía que guardaba el secreto de la transmutación de la sustancia inerte en oro. – En Egipto fue protector de los faraones; las reinas egipcias llevaban con frecuencia un tocado en figura de buitre cuyas alas les cubrían la cabeza por los lados, mientras que el pico destacaba sobre la frente. En la Antigüedad grecorromana el vuelo del buitre anunciaba los sucesos venideros, y estuvo consagrado a Apolo. – Como se creía que los huevos una vez puestos por la hembra los fecundaba el viento de Levante, representó la virginidad de María en la simbología cristiana; el *Physiologus* dedica más espacio a la «piedra paridera» que al buitre mismo, y comenta: «En verdad esta piedra es la del Espíritu Santo ( ) puesto que engendró de una virgen, sin semilla humana».

C

CABALLO. Se encuentra abundantemente representado desde el paleolítico. Hasta el advenimiento de la industrialización desempeñó un importante papel económico en muchísimas culturas, de ahí que se le haya asociado un rico simbolismo. – Originariamente fue interpretado como ser ctónico, es decir vinculado a la tierra y también relacionado con el fuego y el agua en tanto que poderes vivificantes y peligrosos al mismo tiempo; por ejemplo, se creía en muchos lugares que podía hacer nacer un manantial con un golpe de casco en tierra. A menudo se lo relacionó también con los dominios lunares, y se hallaba próximo al reino de los muertos (en Asia central y entre numerosos pueblos indoeuropeos), por ejemplo como guía de las ánimas, motivo por el cual muchas veces era enterrado con el difunto y en general, se consideraba la más

noble de las posibles ofrendas animales. El sacrificio ritual para hervir la carne en el caldero y consumirla en común era gran acontecimiento social entre celtas y germanos. – El simbolismo del caballo tiene su lado oscuro y negativo, en especial en el zoroastrismo, que alguna vez representó en figura de caballo al espíritu que todo lo niega, Ahriman. También los seres mixtos de caballo y humano de la mitología griega (centauros, silenos, sátiros), en donde la parte animal suele representar la tiranía incontrolada de los instintos. Muy diferente es el significado de Pegaso, el caballo alado de la misma mitología, un ejemplo de cómo un simbolismo de la luz, más tardío, vino a complementar los significados telúricos originarios (especialmente en China, la India y la Antigüedad grecorromana). En este aspecto positivo el *caballo blanco*, sobre todo, se convierte en bestia solar, en cabalgadura de los dioses, en símbolo de la fuerza bruta domeñada por la razón, o de la alegría y la victoria (por eso aparece en sepulcros de mártires). – En la simbología cristiana vemos tanto el caballo blanco de Cristo triunfante como los caballos de los jinetes apocalípticos. – Es también símbolo de la juventud, la fuerza, la virilidad y la sexualidad, tanto en los sentidos positivos como en los negativos de estos campos semánticos. – El Caballo es el séptimo signo del Zodiaco chino y corresponde a Libra.

CABELLO. En muchas culturas se lo consideró portador real o simbólico de la fuerza (por ejemplo los cabellos de Sansón en el Antiguo Testamento). Ello explica el significado del sacrificio de los cabellos (por ejemplo entre los griegos al ser recibidos en la ciudadanía, así como en los ritos nupciales y en los funerarios; en la Edad Media como ofrenda a determinados santos): es una señal de entrega y sumisión, o de penitencia, y la tonsura de monjes y clérigos debe contemplarse en el mismo contexto. Entre los germanos y en la Edad Media el cortar los cabellos tenía significado jurídico, además de simbólico; era castigo infamante (el mismo que sufrieron las «colaboracionistas» al término de la segunda guerra mundial). – En varias culturas, sobre todo las de mentalidad mágica, el cabello cortado puede representar a la persona de quien procede y como tal ser utilizado en múltiples manipulaciones. – En el mismo orden de cosas cobra significado simbólico el *peinado*; los cabellos desordenados, agitados, entreverados de serpientes, son el atributo de las deidades terribles, de las furias, etc. (por ejemplo en el hinduismo y en la mitología griega). Mediante el peinado se identificaban también diversos oficios, clases o castas, edades y, por supuesto, los sexos. En el antiguo Egipto, por ejemplo, los niños llevaban al lado derecho un mechón largo y ondulado. – Llevarlos largos y sueltos, sobre todo los hombres, significó muchas veces independencia o linaje aristocrático; en las mujeres, y especialmente durante la Edad Media, era el distintivo de las doncellas (pero también el de las prostitutas). El pelo largo y descuidado también puede ser señal deliberada de inconformismo y ruptura con la civilización, como ocurre con los yoguis, los ermitaños y numerosas tribus urbanas contemporáneas. – A veces se abandonaba el aseo del cabello durante las guerras, los viajes, o como manifestación de luto (en cambio los griegos de la época arcaica se lo cortaban en las ocasiones luctuosas). – También al *color del cabello* se le asignó en ocasiones un significado simbólico; así ha sido frecuente la identificación del color rubio con la luz y el Sol; en cambio el pelo rojo desde la alta Edad Media siempre tuvo algo de diabólico. Los *nudos y moños* revistieron significación especial entre los germanos y otros pueblos (moño suevo); a partir de la tradición medieval tardía el cabello recogido en moño, o trenzado y recogido en forma de coca, era el distintivo de la mujer casada.

CABRA. Estuvo en relación con diversos cultos de la fecundidad en tanto que animal doméstico y económicamente útil, pero también tuvo vinculación con los poderes demoniacos. La antigua tradición judía prescribió que las cortinas destinadas a cubrir el Tabernáculo se hiciesen de pelo de cabra. En la mitología griega, Zeus niño fue alimentado por la cabra Amaltea. – En la India y debido seguramente a la homonimia entre la palabra cabra y la que significaba «no nacido», este animal simbolizaba la materia primigenia, la madre de todas las cosas.

CADUCEO. Del griego *kerykeion*, vara del heraldo, originariamente vara mágica, en torno a la cual se enroscan dos serpientes enfrentadas; atributo de Hermes (Mercurio), principalmente, ha tenido muchas interpretaciones, ocasionalmente como símbolo de fecundidad (serpientes que se aparean alrededor de un falo), aunque es más plausible el sentido de equilibrio. En alquimia simboliza la unión de los opuestos.

CALABAZA. Por el gran número de sus pepitas simboliza la fecundidad, como la granada, la cidra, etc. Entre los pueblos del África negra simbolizaba también el huevo del mundo y la matriz. – Venerada por los taoístas en razón de que como alimento proporcionaba larga vida, o inmortalidad física. – Dos medias calabazas secas y convertidas en recipientes para beber recordaban en China la unidad primitiva del mundo, dividida en dos principios opuestos. – La calabaza crece rápidamente y se estropea pronto, por lo que simboliza en el arte cristiano la brevedad y la vanidad de la vida.

CALAVERA. *Cráneo*, es frecuente su asimilación simbólica con la bóveda celeste (paralelismo microcosmos humano, macrocosmos universal). – En el arte occidental en particular simboliza la brevedad de la vida humana. – Como «recipiente» material del espíritu, los alquimistas gustaron de operar los procesos de la transmutación en una calavera. También los cultos craneales que se observan entre numerosos pueblos guardan relación, seguramente, con esta noción del cráneo como «sede» del alma. – La calavera representada con frecuencia al pie de la Cruz es la de Adán.

CALENDARIOS. Ciclos o series de representaciones figurativas en donde vemos los meses del año, por ejemplo con los signos zodiacales correspondientes, las faenas agrícolas típicas, las diversiones de la aristocracia, etc., con lo que proporcionan información sobre los usos y costumbres de la época a que pertenecen. Los primeros aparecieron en suelos de mosaico hacia finales de la Antigüedad grecorromana, para convertirse luego en tema decorativo importante de los libros de horas, de los programas icónicos de las iglesias y de los almanaques populares (calendarios del campesino). En los calendarios medievales las figuras de los meses y las que simbolizan los signos del Zodiaco remiten al ciclo anual y al tiempo que huye irremisiblemente dada la brevedad de la vida humana a ojos de Cristo, el Señor del tiempo y de la eternidad.

CÁLIZ. Frecuente símbolo de la abundancia que desborda. – En la Biblia hallamos con frecuencia la imagen del cáliz, y en los más variados contextos: el cáliz de la salvación, o el del destino que hay que apurar, y que el humano recibe de manos de Dios y contiene tal vez la cólera o las bendiciones; Jesús en el monte de los Olivos se refiere al cáliz de la Pasión inminente. – En tanto que recipiente que derrama alimento, en ocasiones el cáliz representa el pecho materno y nutricio (por ejemplo en la India), o el seno materno si predomina la cualidad de recipiente que guarda y conserva. – Por su forma fue puesto en relación con la media Luna (y ésta nuevamente recuerda el pecho materno por su color blanquecino). – En los usos rituales o en el arte religioso, el cáliz es con frecuencia el recipiente del elixir de la vida eterna; de tal manera que el cáliz que contuvo la sangre de Cristo remite a la persona y a la salvación eterna incluso fuera del contexto eucarístico. – En muchas culturas el beber en común de un cáliz, en el decurso de una ceremonia, significa afiliación y reconocimiento, bien sea de una idea o de una religión que los reunidos confiesan. Es también símbolo de fidelidad el beber cada uno del cáliz del otro, de ahí el uso de este gesto en las ceremonias nupciales, por ejemplo en el Japón. – En la literatura islámica el cáliz en ocasiones aparece como símbolo cordial; o bien tres cálices que contienen, respectivamente, leche, vino y agua, y simbolizan el islam (la leche, en este caso, como emblema de la religión natural y verdadera), el cristianismo (en donde el vino tiene carácter sagrado) y el judaísmo (donde el agua cobra significado destructivo con el Diluvio, y positivo con el paso del mar Rojo). – El simbolismo del cáliz se aproxima en ocasiones al de la calavera.

CAMALEÓN. Por la facultad de cambiar de color solía tomarse como símbolo de la inconstancia y la falsía. En África es emblema solar y animal sagrado.

CAMELLO. En el norte de África, símbolo de la sobriedad, de la tozudez y de la altanería. – El Antiguo Testamento lo cita ocasionalmente entre los animales impuros. – En las escrituras cristianas y el arte cristiano predomina el aspecto de bestia de carga, simbolizando por tanto la humildad y la paciencia; otras veces, sin embargo, también la iracundia, la pereza y la estupidez.

CAMINO. Complejo símbolo en muy diversas culturas y religiones; subyacen siempre los problemas de la búsqueda, la huida y persecución, el viaje exterior e interior, etc. El camino es un símbolo antiquísimo de la vida humana. El hombre es un peregrino, un caminante cuya ruta se caracteriza por la falta de destino y de plazo fijo;

otro punto esencial es que el camino lleva de vuelta al origen. De ahí que la mayoría de las religiones se consideren a sí mismas como caminos, también, por ejemplo, de purificación y de iluminación en la religiosidad mística cristiana y sus oraciones. Tiene particular densidad simbólica el tema de los dos caminos, cuya dicotomía aborda por ejemplo el salmo primero, «el camino de los justos» y «el de los extraviados»), o el salmo 139, contraponiendo «el mal camino» y «el camino eterno». Entre los pitagóricos la letra y simbolizaba esa disyuntiva; en Occidente esta significación cayó en el olvido hacia finales del siglo XVIII.

CAMPANA. Símbolo común de la vinculación entre los cielos y la tierra; llama a la oración y recuerda el deber de obedecer los mandamientos divinos. El sonido de la campana simboliza con frecuencia (por ejemplo en China) las armonías cósmicas. En el islam y en el cristianismo el sonido de las campanas es el eco de la omnipotencia divina, como «voz de Dios» que, al oírla el alma, se siente transportada más allá de los límites de lo terrenal. – También se halla muy difundida la noción de que su sonido aleja las desgracias; a finales de la Edad Media tuvieron alguna difusión las campanas mágicas con el fin de conjurar los espíritus benévolos (magia blanca) de la región planetaria.

CANDELABRO. Símbolo de la luz (espiritual) y de la salvación; el candelabro de oro puro y de siete brazos, la Menorah de los judíos, seguramente derivó del árbol de luz babilónico, y guarda relación con la simbología cósmica (siete planetas, siete cielos, etc.). – En la iconografía cristiana del Medioevo dicho candelabro es símbolo frecuente del judaísmo.

CANGREJO. Animal acuático que, por consiguiente, comparte el simbolismo del agua o del océano primordial (mar). Gracias a su caparazón, que le protege del mundo exterior, sus significados se aproximan a los del campo «embrión-útero», y la cercanía a los complejos semánticos «madre» y «mar») implica relación simbólica con lo inconsciente. – En el cristianismo el cangrejo simboliza la resurrección porque cambia el caparazón mientras crece; por tanto, también representa a Cristo en sentido estricto. – Desde la Antigüedad es asimismo símbolo lunar (tal vez por su forma, o por la vinculación de la Luna con el mar); en África lo es, a veces, del mal. – El Cangrejo o *Cáncer* es el cuarto signo zodiacal, corresponde al primer mes del verano y el Sol lo transita entre el 22 de junio y el 22 de julio; Júpiter está exaltado en Cáncer, y es la casa de la Luna; los decanes asignados por la astrología helenística son Venus, Mercurio y la Luna, o la Luna, Marte y Júpiter según el sistema indio. Cáncer es de agua, femenino, negativo (pasivo) y signo cardinal. En cuanto al origen del nombre para esta constelación, nada se sabe todavía con exactitud.

CAPRICORNIO. En griego *aigokeros*, con el mismo significado que el latín capricornus, ser mixto cuya figura era una cabra rematada en cola de pescado; seguramente pasó de Babilonia a Grecia y Egipto. – Es el décimo signo del Zodiaco, correspondiente al primer mes del invierno; el sol transita por el signo entre el 21 de diciembre y el 19 de enero; Marte está exaltado en Capricornio, y Saturno tiene en él su casa. La astrología helenística señala a Júpiter, Marte y el Sol (Urano) como de canes que le corresponden; en la astrología hindú son Saturno, Venus y Mercurio. El signo de Capricornio es de tierra, femenino, negativo (pasivo) y cardinal. El nombre de Capricornio aparece documentado desde los tiempos babilónicos; en la Edad Media la figura del signo tomó muchas veces el aspecto de cabra montés.

CARACOL. Es símbolo lunar en numerosas culturas, ya que él y sus cuernos asoman o se esconden a voluntad lo mismo que hace la Luna, y en este sentido también representa la renovación constante. – Los amerindios pintaban como caracoles a sus dioses de los vientos para expresar que éstos penetran hasta el último rincón de las casas como el caracol se retira en el interior de su concha. – Como los moluscos, también han sido comparados con los órganos genitales femeninos; por ello y por la casa que lleva acuestas y que le protege, simbolizó para algunas culturas indias la concepción, el embarazo y el parto. – En el cristianismo simbolizó la resurrección, porque rompe todas las primaveras la tapa de su concha. – Por la forma de ésta se relaciona simbólicamente con la espiral. Entre muchos pueblos naturales los caracoles *cauris*, además de suponer adorno y dinero, son preciados amuletos y símbolos de la fecundidad.

CARNERO. Símbolo de la fuerza, en la Antigüedad fue uno de los animales preferidos para los sacrificios. – El dios creador egipcio Chnum tenía cabeza de carnero. – Los griegos y los romanos adoptaron el culto al dios egipcio de los vientos Amón como una de las manifestaciones de su dios máximo, Júpiter (Zeus) Amón con cabeza de carnero. – Era también atributo de Indra y de Hermes. – En el cristianismo la figura del carnero se da por lo general en las representaciones del «sacrificio» de Isaac, contemplado como prefiguración simbólica de la Pasión de Cristo. – El Carnero o Aries es el primer signo del Zodíaco; corresponde al primer mes de la primavera; el Sollo transita entre el 21 de marzo y el 20 de abril y está exaltado en este signo; es la casa de Marte y los decanes correspondientes según la astrología helenística son Marte (Plutón), el Sol y Venus, o Marte, el Sol y Júpiter de acuerdo con la astrología hindú. Es signo de fuego, masculino, positivo (activo) y cardinal. Se desconoce el porqué de la asignación del carnero, nombre y figura, a esta constelación.

CARPA. Símbolo de la felicidad para los japoneses y los chinos, especialmente por su longevidad; es además la cabalgadura de los inmortales. Se le atribuía capacidad para nadar contra corriente, de ahí que simbolizase también el valor y la perseverancia.

CASA. En tanto que recinto ordenado y cerrado es, como la ciudad o el *templo*, un símbolo del Cosmos y del orden cósmico. – Las tumbas solían tomar figura de casas aludiendo a su interpretación como última morada del difunto (aunque modificada a veces, como por ejemplo en las pirámides de Egipto). – Lo mismo que el templo, la casa simboliza en ocasiones el organismo humano, lo cual obedece, por ejemplo, entre los budistas a la idea de que el cuerpo no es más que una morada temporal del alma. La interpretación psicoanalítica de los sueños lleva mucho más lejos dicho paralelismo cuerpo-casa, de manera que la fachada corresponde a la presencia externa; el ático a la cabeza, o el espíritu, o la conciencia; el sótano a los instintos y las pasiones; y la cocina a las transmutaciones psíquicas.

CASTOR. El *Physiologus* lo cita como animal simbólico, el cual enseña a los humanos que deben renunciar a toda impureza para evitar las asechanzas del demonio; ello tiene su fundamento en la creencia de que cuando se veía acosado por los cazadores, el castor se cortaba los testículos con los dientes para escapar, ya que se atribuía a dichas glándulas eficacia medicinal y eran el único motivo de la persecución.

CAVERNA. Utilizadas para actos rituales desde los tiempos prehistóricos (arte rupestre). Los significados simbólicos de la caverna guardan relación con la muerte (recinto oscuro) y con el nacimiento (seno materno). De ahí que fuesen veneradas con frecuencia en tanto que morada o lugar de nacimiento de dioses, héroes, espíritus, demonios, difuntos, etc.; otras veces contempladas como entradas al reino de los muertos, éste imaginado, por ejemplo, entre los sumerios como una caverna existente en la montaña del mundo. – Los egipcios creían que las aguas vivificantes del Nilo nacían en una caverna. – Desempeñaban un papel importante en diversos ritos de iniciación (tal vez por el tema del *regressus* ad *uterum*), por ejemplo los misterios de Eleusis o los oráculos de Trofonio, personaje legendario divinizado como protector de la fecundidad. – El *mito* de la *caverna* de Platón es una imagen simbólica del conocimiento humano sumergido en un mundo de meras apariencias, que plantea la misión de «salir de la caverna» para poder contemplar el mundo de las Ideas. – En el arte de la Iglesia oriental el nacimiento de Cristo suele situarse en una caverna (que ocasionalmente servían de establos en Palestina; la figuración de tal caverna como grieta puede simbolizar un seno materno, aunque no sin alusión a los simbolismos de la fecundación de la tierra por los cielos).

CENIZA. Su significado simbólico guarda relación con el aspecto pulverulento y con el hecho de ser el residuo frío, y en cierto sentido purificado, que resulta al extinguirse el fuego. De ahí que constituya en muchas culturas símbolo de la muerte, de la vanidad de las cosas, de penitencia y arrepentimiento, pero también de expiación y resurrección. – Entre griegos, egipcios, judíos, árabes y algunos pueblos primitivos actuales, el cubrirse la cabeza de cenizas, o revolcarse en ellas, era o es señal de luto o aflicción. – Los yoguis hindúes se cubren el cuerpo de cenizas en testimonio de renunciación. – Las cenizas de los animales ofrecidos en sacrificio se consideraban santas y purificadoras entre los judíos y otros. – El cristianismo reconoce este simbolismo penitencial y purificador en algunos de sus ritos y sacramentos (miércoles de Ceniza, consagración de templos).

CENTAURO. Ser fabuloso y fiero de la mitología griega, con cabeza, pecho y brazos de hombre, y lo demás de caballo. Excepto Quirón, los demás centauros eran brutales y obcecados, interpretándose por lo general como símbolo de los aspectos bestiales del hombre (en contraposición con la figura del jinete, hombre capaz de sujetar la fuerza del bruto); simboliza también la doble naturaleza humana, espiritual y corporal. En la Edad Media se les representaba a menudo provistos de arco y flechas, sobre todo en los frisos y capiteles, habitualmente como símbolos del vicio y el pecado, de la herejía o del mismo Diablo, de acuerdo con la interpretación del *Physiologus*, que identifica el centauro (en especial el de cuerpo de *asno*) con las sirenas. No obstante, el centauro que dispara la flecha al tiempo que huye puede simbolizar al humano en lucha contra el Mal. En el arte de los ss. XIX y XX ha cobrado con frecuencia sentido erótico.

CERBERO. *Can Cerbero,* según la mitología griega, el perro que guardaba la entrada del mundo de los difuntos. A todos ellos los recibía moviendo el rabo amistosamente, pero por lo general no admitía a ningún vivo, ni dejaba salir a ningún difunto una vez hubiese entrado. Representado a menudo con dos o tres cabezas y con una serpiente por cola, simboliza los terrores de la muerte y la imposibilidad de retornar a la vida; el lenguaje corriente utiliza la personificación en sentido figurado de guardián que no atiende a ruegos.

CERDO. Animal simbólico de muy diverso significado; sobre todo la *marrana* por su capacidad procreadora representa la fecundidad, por ejemplo entre los egipcios, los griegos y los celtas, de ahí su presencia en amuletos destinados atraer suerte o descendencia. – En la Antigüedad grecorromana fue destinado con frecuencia a sacrificios rituales. – En cambio reviste significados despectivos entre muchos pueblos; los judíos, los mahometanos y otros lo consideran impuro y se impone la prohibición de consumir su carne por precepto religioso. – Por su voracidad y su costumbre de hozar en las inmundicias es muy difundido símbolo de bajeza y aficiones viles («no hay que echar las perlas a los cerdos»); en el arte medieval simbolizó principalmente la falta de medida, sobre todo en la gula y la lujuria, y en ocasiones también la ignorancia. – Lugar aparte corresponde al cerdo salvaje o *jabalí,* muy respetado, en especial el macho, entre griegos y japoneses, por ejemplo, como símbolo del valor y el espíritu combativo; entre los celtas simbolizó a la casta de los guerreros y los sacerdotes, y lo consumían en festividades rituales. En la Edad Media fue símbolo de lo demoniaco; sin embargo, y debido a una etimología errónea del nombre alemán del jabalí, *Eber* (que se creyó derivado de ibri, el antepasado epónimo de los hebreos) se da la curiosa circunstancia de que aquél aparezca en el arte cristiano del Medioevo como símbolo de Cristo. – El Cerdo es el 12.º y último signo del Zodiaco chino, y corresponde a Piscis.

CEREZO, FLOR DE. En el Japón simboliza la pureza, la belleza, la felicidad; sus pétalos arrastrados por el viento son el paradigma de la muerte ideal. Es flor efímera, que se marchita pronto, como la vida del samurai siempre dispuesto a entregarla por su señor. – En Europa central las *ramas de cerezo* cortadas de noche la víspera de santa Bárbara (4 dic.), o la de santa Lucia (13 dic.), o en Nochebuena, si llegan a florecer anuncian buena suerte o boda próxima.

CERO. Obvio símbolo de la nulidad, de lo que no tiene valor; también de los comienzos, atendida la posición que se le asigna en la serie de los números.

CHACAL. Su aparición se consideraba de mal agüero, dada la creencia de que vagabundea por los cementerios y porque se alimenta de carroña. Ocasionalmente simbolizó la codicia y la cólera. – La cabeza animal de Anubis, el dios egipcio de los muertos, se interpreta como de chacal pero seguramente representa una cabeza de perro (una variedad primitiva de galgo).

CHIMENEA. Según los cuentos, las supersticiones populares, etc., la comunicación con los espíritus y los demonios muchas veces tiene lugar a través de la chimenea; en particular las brujas salen y regresan por ella, y también las ánimas de los difuntos abandonan la casa por la chimenea. Estas atribuciones sin duda guardan relación con su forma, que recuerda la de una caverna, la presencia del fuego, el negro del hollín, el humo que se eleva por los aires. – En otros contextos participa de los significados simbólicos del hogar.

CHIVO. *Macho cabrio*, frecuente figuración positiva o negativa de la sexualidad masculina. – En la India es emblema solar, consagrado al dios del fuego. – En la antigua Grecia era ofrecido en sacrificio a Dioniso y sirvió de montura a Afrodita y Dioniso/Pan. – En la Biblia (Lev. 16) el mal llamado *chivo* emisario es bestia propiciatoria, abandonada en el desierto después de cargar con todos los pecados del pueblo; y también el animal hediondo, impuro, diabólico que simboliza a los réprobos del Juicio Final. – En la Edad Media imaginaban al demonio con cuernos y pata de chivo, que eran sus atributos; además el cabrón era la montura obscena de las brujas y la personificación de la lujuria.

CIELO. Visto antaño como una cúpula o semiesfera que cubre el disco de la Tierra, tiene gran papel en las representaciones mitológicas y religiosas de casi todos los pueblos, en tanto que el lugar desde donde actúan los dioses u otras entidades poderosas, y adonde se eleva el alma después de la muerte. Para esta interpretación, la cual originariamente se tomaba en sentido real, que no simbólico, fueron fundamentales: el hecho de que el cielo estuviese «arriba» (alturas), la regularidad observada en los movimientos de los astros, los efectos fecundantes e imprescindibles de las lluvias que caen del cielo, y los meteoros muchas veces terroríficos o impresionantes como las tormentas, el rayo, los cometas, los meteoritos, el arco iris, etc. – Con frecuencia hallamos la noción de que el cielo y la tierra estuvieron originariamente unidos, bajo cuyo aspecto aquél es sólo una mitad del universo total; de esta concepción deriva también la contraposición muy difundida: cielo = masculino, activo; tierra = femenina, pasiva; la fecundación de la tierra por el cielo sería entonces necesaria para el nacimiento de todos los seres que pueblan la tierra (el antiguo Egipto, por cierto, invirtió los géneros: Nut, la diosa madre del cielo, como esposa de Geb, dios de la tierra). – También fue muy corriente la noción de varias esferas celestes, de ahí que se hable habitualmente de «los cielos», en correlación con la existencia de distintas jerarquías de seres celestiales, o de varios grados de perfeccionamiento del alma.

CIERVO. En las cavernas del paleolítico hallamos ya figuras de ciervos, así como de humanos disfrazados de tales, sin duda destinadas a algún ritual. – Animal Venerado en todo el mundo, su notable cornamenta que se renueva todos los años se comparó a menudo con el árbol de la vida; por tanto, fue también en muchas épocas y muchas culturas símbolo de la fecundidad, del crecimiento (espiritual) y del ciclo del nacimiento y la muerte. Según creencias grecorromanas, así como de los germanos y los celtas, el ciervo acompaña a los difuntos para que sepan hallar el camino del Más Allá (Cernunnos). – Por la forma de la cornamenta y por el color rojo sanguíneo de la cuerna desmochada en primavera simbolizó para muchos la irradiación de la luz y del fuego, confiriéndosele al animal simbolismo solar o papel de mediador entre los cielos y la tierra. – El ciervo dorado y la gacela son símbolos de la sabiduría y el ascetismo para los budistas. – En ocasiones los chinos atribuyeron connotación negativa a este simbolismo solar, y representaba los estíos y las sequías. La cierva y también el ciervo eran los animales emblemáticos de Ártemis en la Antigüedad; en lucha contra otros animales simbolizaba el combate entre la luz y las tinieblas. También se creía que era enemigo y matador de serpientes, idea prolongada por el *Physiologus* hasta la Edad Media, de manera que volvemos a encontrarla en las representaciones artísticas medievales, identificándose al ciervo con Cristo (que pisotea la cabeza de la serpiente, es decir el Diablo); las vidas de san Eustaquio y san Huberto contienen la aparición de un ciervo que lleva un crucifijo entre los cuernos; otras veces se compara con Cristo la cornamenta misma, porque se eleva hacia el cielo. – En el arte cristiano también se lo relaciona a menudo con el agua de vida (alusión al salmo 42). – A veces simboliza la melancolía, porque ama las soledades; o la pasión sexual masculina, por la espectacular alteración de su comportamiento durante los periodos de celo.

CIGÜEÑA. Según la Biblia es animal impuro, aunque abunda más la consideración como símbolo de buena suerte. En el lejano Oriente simbolizaba la longevidad porque se creía que vivía muchos años. También estaba muy difundida, por ejemplo entre los antiguos egipcios y los padres de la Iglesia, la creencia de que las cigüeñas jóvenes una vez habían aprendido a volar alimentaban a sus progenitoras, por lo que esta ave simbolizaba la piedad filial. – En tanto que exterminadora de serpientes, el cristianismo la consideró enemiga del Diablo y por tanto representó a Cristo. – Por alimentarse de animales rastreros (en quienes se refugiaban las ánimas, según algunas creencias), solían considerarla portadora de almas. – Su carácter de ave migratoria que retorna todos los años a los mismos lugares hizo de ella un símbolo de la resurrección; el retorno en primavera, la época del crecimiento en la naturaleza, explica seguramente la función de traer a los niños que se le adjudicaba. – Por su actitud tranquila cuando está de pie, aparentemente reflexiva, simbolizó la contemplación filosófica (especialmente una variedad de la especie, el *marabú*).

CIPRÉS. Es árbol sagrado para muchos pueblos. En tanto que vegetal duradero y de hoja perenne simboliza, como todas las coníferas, longevidad e inmortalidad; en la Antigüedad, sin embargo, era símbolo de la muerte porque no rebrota al cortarlo, y se vinculó a Plutón y al reino de las sombras. – En China se relacionaba la semilla del ciprés con el principio yang (yin y yang) y se creía que su consumo proporcionaba la longevidad.

CÍRCULO. Uno de los signos simbólicos más frecuentes, visto a menudo en relación, y otras veces en contraposición, con el cuadrado. La circunferencia se cierra sobre si misma y por ello simboliza la unidad, lo absoluto, la perfección; en relación con ello, también es símbolo de los cielos en contraposición con la tierra, o de lo espiritual frente a lo material; hay amplias coincidencias con el simbolismo de la rueda. En tanto que línea infinita representa el tiempo y la eternidad, muchas veces en figura de una serpiente que se muerde la cola. – En las prácticas mágicas el círculo es símbolo eficaz que protege contra malos espíritus, demonios, etc., de ahí también, seguramente, las funciones protectoras que se atribuyen a los cinturones, los anillos, las diademas y a muchos tipos de amuletos circulares. – Los círculos *concéntricos* simbolizan en el budismo zen la fase más alta de la iluminación, la armonía de todas las fuerzas espirituales; en otros contextos, por ejemplo en el cristianismo, representan las distintas jerarquías espirituales o las diferentes etapas de la Creación. Tres círculos entrelazados significan la Trinidad. – El círculo inscrito en un cuadrado es símbolo cabalístico habitual de la chispa divina escondida en la materia. – Para C.G. Jung el círculo es símbolo del alma y del yo.

CIRCUNCISIÓN. Costumbre antiquísima y practicada todavía en muchos países: corte del prepucio masculino (incisión), extirpación del mismo (circuncisión propiamente dicha); más rara es la *subincisión* consistente en cortar la uretra. – En esta categoría de prácticas entran asimismo la ablación del clítoris en las niñas (*clitoridotomía*), a veces con extirpación de las ninfas, y la *infibulación* que consiste en extirpar además parte de los labios mayores y coser la abertura vaginal; la infibulación masculina consiste en coser el prepucio. – Son ceremonias relacionadas, en la mayoría de los pueblos naturales, con la pubertad y los ritos de iniciación; los pueblos pastores suelen adelantarlas a la edad infantil (sustitución simbólica del sacrificio de primicias). Practicadas por todos los pueblos semi-

tas (aunque no los babilonios) y los egipcios, no así por los indoger-
manos. Entre los judíos la circuncisión es emblema de la Alianza,
la retrotraen a Abraham (Gén. 17, 9-14) y la practican al 8.º día del
nacimiento.

CISNE. En Asia Menor lo mismo que en Europa el cisne blanco es
símbolo de la luz, de la pureza y de la elegancia (en cambio el cisne negro suele aparecer, como el Sol negro, en determinados contextos de
simbolismo oculto); a su vez esta simbología se divide en un campo
semántico femenino y otro masculino. Aquél predomina sobre todo
entre los pueblos eslavos, los escandinavos y Asia Menor: el cisne
como símbolo de la belleza y la virginidad celeste (fecundada por el
agua, a veces por la tierra). En la India, China, el Japón, los países escandinavos, así como entre árabes y persas, hallamos el prototipo de
la doncella-cisne, personaje sobrenatural de los cuentos populares. La
Antigüedad grecorromana, por el contrario, prefirió el aspecto masculino del cisne como símbolo de potencia procreadora; unos cisnes
blancos tiran del carro de Apolo; Zeus sedujo a Leda disfrazándose
de cisne (pero Afrodita y Ártemis a veces se presentan en compañía
de cisnes). – Los griegos creían que el cisne tenía además el don de la
profecía y anunciaba los fallecimientos. – En el lejano Oriente además
de la belleza y la elegancia representa el valor. – Para los celtas era en
carnación de entidades sobrenaturales, aunque no siempre se distin-
guió con claridad entre el simbolismo del cisne y el del ganso, como
también ocurrió en el hinduismo; en otras muchas culturas el ganso
era precisamente una contrafigura más bien negativa del cisne. – La
alquimia lo vinculó con frecuencia al mercurio; simbolizaba el espíritu
y la mediación entre el aire y el fuego. – A veces el huevo cósmico es
un huevo de cisne. – El supuesto lamento del cisne a punto de morir
(sobre todo cuando ha quedado prisionero del hielo) ha quedado en
la expresión «canto del cisne» como la última realización o la última
palabra de una persona, y en tal sentido simbolizó en ocasiones las
palabras de Cristo en la Cruz.

CLAVEL. Herbácea vivaz de hojas largas y puntiagudas; de ahí seguramente los nombres de «clavel», «clavellina», derivados de «clavo», lo cual justifica la alusión simbólica a la Pasión de Cristo. Es frecuente la presencia de la planta en las imágenes de la Madonna con su Iglesia. – En tanto que símbolo de amor y fecundidad figura asimismo en numerosos retratos de prometidos de la baja Edad Media y del Renacimiento. – Una adscripción moderna del clavel (rojo) es el 1 de mayo en tanto que festividad socialista.

COCODRILO. Obviamente relacionado con el simbolismo del agua, pero al ser anfibio sus significados propios suelen complicarse. Fue objeto de especial veneración en Egipto, en tanto que nacido del agua lo mismo que el Sol; el dios cocodrilo Sobek simultaneaba los rasgos solares y los ctónicos. También el dios de la tierra podía encarnarse en un cocodrilo. – Algunas culturas amerindias tenían por creador del mundo a un cocodrilo que habitaba el océano primigenio; en otras es el animal que lleva el mundo a sus espaldas. – En la Biblia el nombre de Leviatán alude al cocodrilo, el cual simboliza a Egipto en otros pasajes. – En el arte cristiano tiene significados próximos a los del dragón.

COLUMNA. Imagen de la unión entre los cielos y la tierra; en tanto que soporte del edificio, símbolo general de fortaleza y paciencia; por extensión el «edificio» puede ser la cohesión de una comunidad o de una institución. En su forma completa, con basa, fuste y capitel, su simbolismo se acerca al del árbol de la vida (la basa son las raíces, el fuste es el tronco y el capitel representa la copa; véanse, por ejemplo, las columnas egipcias, corintias, románicas y góticas). – Otras veces se ha visto en ellas una representación de la figura humana, a lo que apunta especialmente alguna denominación como «capitel», que deriva de «cabeza», así como la ocasional colocación de atlantes y cariátides en lugar de las columnas. – La Biblia alude a unas columnas que

c

sustentan el mundo y que Dios derribará el día del Juicio Final. – El atrio del Templo de Salomón tenía dos columnas de bronce simbólicamente importantes llamadas la de la derecha *yaquin* (él mantiene firme) y la de la izquierda *boaz* (él guarda la fuerza); las reproducciones de estas dos columnas ocuparon luego un lugar importante en los templos de los francmasones. – Aparte de las columnas con función arquitectónica, muchas culturas han erigido también columnas solitarias, por ejemplo la irminsul de los sajones, que sin duda representaba el eje o soporte del mundo, y las numerosas *columnas triunfales* de la Antigüedad, como la de Trajano en Roma, provista además de una ornamentación en franjas que describe las hazañas del césar, o también las numerosas columnas o estatuas de Rolando que servían para delimitar señoríos o jurisdicciones. En las costumbres cristianas tenemos columnas votivas, penitenciales, conmemorativas, de la Pasión y otras muchas. – En ocasiones y sobre todo si se vinculan con cultos de la fecundidad pueden revestir un significado fálico. – La *columna de fuego* y *de nubes* en que se convirtió Dios para conducir al pueblo de Israel por el desierto aparece aludida con frecuencia como símbolo místico.

COMETA. En muchas culturas de la Antigüedad, en la Edad Media y también entre los amerindios y los africanos, heraldo de desgracias (hambres, guerras, pestes, catástrofe universal). – No obstante, las artes plásticas a menudo han representado en figura de cometa la estrella de Belén.

COMPÁS. Instrumento de la inteligencia que traza planes y proyectos, simboliza la energía creadora activa, la reflexión, la inteligencia, la justicia, la moderación, la veracidad: es el atributo de diversas ciencias y lo exhiben las personificaciones de éstas, por ejemplo la geometría, la astronomía, la arquitectura, la geografía. La combinación del compás con la escuadra significó en diversos lenguajes esotéricos (tanto en la antigua China como en Occidente) la unión del círculo, es decir, los cielos, con la tierra, es decir, el cuadrado, que significa la perfección. – En la tradición simbólica de los francmasones los distintos ángulos de apertura del compás denotan distintas fases de la evolución espiritual: por ejemplo 90º, en correspondencia con la escuadra, el equilibrio entre las fuerzas espirituales y las materiales. También las diferentes combinaciones de la escuadra y el compás pueden simbolizar la relación entre el espíritu y la materia, por ejemplo la escuadra puesta sobre el compás significa predominio de lo material; los dos instrumentos cruzados, equilibrio; el compás sobre la escuadra, primacía de lo espiritual, etc.

CONCHA. Como todos los animales marinos, los moluscos han servido de atributos a diversas deidades del mar; la venera se relacionó algunas veces con la Luna, por ejemplo en China, y por consiguiente con el principio yin. – A la diosa Afrodita Anadiómena «que sube del mar», a veces se la representa de pie sobre una concha; también el hecho de que la forma de las conchas recuerde la de los genitales femeninos, el que participe del simbolismo de las fértiles aguas del mar y el que pueda nacer en su interior una hermosa perla, justifican la relación con Afrodita (como en la India con Lakshmi), la diosa de la felicidad y de la belleza. – En el cristianismo es ofrenda funeraria y simboliza la sepultura de la que renacerá el ser humano en el día del Juicio. El simbolismo mariano deriva de que María llevó en su seno a Jesús, la «perla preciosa»; además en la Edad Media creían en la reproducción partenogenética de los moluscos. La concha simbolizó también el Santo Sepulcro y la Resurrección, de ahí que se convirtiese en el emblema de los peregrinos, más particularmente los que se dirigían a Santiago de Compostela, que solían llevar la venera en el sombrero o colgando del cuello.

CORDERO. Al igual que la *oveja*, por su ingenuidad, su paciencia y su color blanco simbolizan la mansedumbre, la inocencia y la pureza. En la Antigüedad es, con el carnero, la víctima habitual de los ritos sacrificiales, por lo que se convirtió en símbolo de Cristo y su muerte. En el arte cristiano, solo o entre otros representa el Cordero de Dios que lleva los pecados del mundo; en rebaño, la grey de los fieles, o la Iglesia de los mártires (apareciendo entonces Cristo en figura de Buen Pastor). – El Juicio Final se representa a menudo bajo la imagen de Cristo que separa los corderos de los cabríos. El Cordero es el 8.º signo del Zodiaco chino y corresponde a Escorpio.

CORONA. Hay que establecer una distinción en lo tocante al material de que están hechas las coronas: las de ramas entrelazadas o de flores, y las de otras materias más consistentes. Las primeras sirvieron desde la Antigüedad como ornato personal, signo honorífico o distinción de los elegidos en competiciones, fiestas y celebraciones rituales (incluso llevaban guirnaldas y coronas los animales destinados al sacrificio); de algunas coronas se creía que ahuyentaban la embriaguez (hiedra, inicialmente, luego también otras plantas aromáticas). – También la Biblia habla de coronas honoríficas, de

alegría o de la victoria.
– La corona de la vic-
toria de los antiguos
adquirió en el cristia-
nismo el significado de la
salvación alcanzada; así aparece en
las lápidas, a veces combinada con el crismón o con la paloma y el
Cordero. – Tanto en la Antigüedad como en el Medioevo y la edad
moderna los vencedores solían recibir la *corona de laurel*; desde la
época de los humanistas y queriendo emular a los antiguos, también
los artistas, especialmente los poetas, así como los sabios, aspiraron
a tan preciada distinción. – La *corona de Adviento*, hecha de ramas
entretejidas de abeto y provista de cuatro velas, es símbolo de disposición y buena esperanza (no antiguo, puesto que su aparición
data de la primera guerra mundial). – En cuanto a las coronas de
materiales nobles y destinadas a enaltecer la parte más noble de la
persona, los espigones o florones dispuestos radialmente, además
de la simbología solar recuerdan algunos aspectos simbólicos de
los cuernos; el aro remite a los significados del círculo. – La corona
siempre es expresión de dignidad, de poder, de santidad o de una
situación excepcionalmente festiva. En la mayoría de las culturas es
atributo del soberano; entre los judíos, el sumo sacerdote también
ostentó corona o más bien una especie de diadema de oro. – Entre
los egipcios las coronas de las divinidades y de los soberanos eran
en sí mismas objetos revestidos de poder mágico, y tuvieron culto
propio así como algunos himnos propios. – Tanto en el hinduismo
y el budismo como en el islam la corona (a veces unida a la flor de
loto) significa la exaltación del espíritu sobre el cuerpo. La Biblia
alude reiteradamente a la corona de la vida y la corona de la inmortalidad, que significan el estado de salud eterna. – Oriente y Occidente comparten la costumbre de que lleven corona la novias como
signo de virginidad y también de elevación a un estado nuevo y más
favorecido. – A los difuntos, en especial si habían fallecido solteros,

se les colocaba una corona funeraria en el sepulcro para recordar su inminente unión con Dios.

CRISÁLIDA. *Ninfa*, fase de la metamorfosis de algunos insectos; sobre todo la de la mariposa simbolizó para diversas culturas la mudanza espiritual, la transformación y al mismo tiempo la situación desvalida y estado de retiro en que se halla muchas veces el humano que se dispone a entrar en una nueva etapa de su existencia.

CRISTAL. Símbolo de la pureza y la transparencia; por tanto, a menudo lo es también del espíritu; sus significados son similares a los del diamante. – Como cuerpo material que, sin embargo y a diferencia de la materia vulgar, es transparente, simboliza también la reunión de los contrarios, sobre todo la de lo espiritual y lo corporal. – Como el cristal no arde pero si concentra los rayos del sol y puede inflamar otros objetos con su luz, el cristianismo lo consideró símbolo de la Inmaculada Concepción, es decir mariano.

CRUZ. Es uno de los símbolos más antiguos y más difundidos; como el cuadrado, participa del simbolismo del número cuatro, si se atiende al aspecto puramente formal; así, por ejemplo, representó los cuatro puntos cardinales. En China, sin embargo, la pusieron en relación con el cinco por considerar además el punto medio. Si se contemplan únicamente los brazos, puede expresar también la interpenetración de dos ámbitos contrapuestos, como los cielos y la tierra, o el tiempo y el espacio.– En arquitectura, y no sólo de edificios destinados al culto, así como en urbanismo, la disposición en cruz desempeña un papel que muchas veces no depende únicamente de las consideraciones prácticas; por ejemplo la cruz griega proporciona la planta de muchas iglesias bizantinas y siríacas; la cruz latina es el patrón de las románicas y las góticas. – Puede interpretarse también la cruz como imagen de la encrucijada (por ejemplo el lugar donde se cruzan los caminos de los vivos y los de los difuntos); así

La combinación de la
cruz y el círculo es la
representación de la
unión de las pola-
ridades opuestas
en el mundo
occidental y
suele asociarse
con el sol.

es como la ven algunas tribus africanas (además de un significado
que abarca todo el cosmos, por ejemplo a los humanos, los espíritus
y los dioses). – En Asia el eje vertical de la cruz se entiende a menudo
como símbolo de las fuerzas activas, asignadas al cielo, mientras que
el eje horizontal representa los poderes pasivos del agua, es decir
el principio fe menino; el uno y el otro simbolizan además los equinoccios y los solsticios. – La cruz inscrita en un círculo se considera
como mediación entre el cuadrado y el círculo, por lo cual subraya en
especial la unión entre los cielos y la tierra. Es un símbolo del punto medio, del equilibrio entre actividad y pasividad, de la plenitud
humana. Considerando los cuatro brazos de la cruz inscrita en un
círculo como radios, tenemos la imagen de la rueda y por tanto, un
símbolo solar, el cual hallamos entre los pueblos asiáticos y los germanos (a veces rige la simbología solar incluso sin el círculo, como
en Asiria). Otro símbolo solar de origen asiático que luego adoptaron también los germanos fue la cruz gamada o esvástica. – En el
cristianismo y debido a la muerte de Cristo en la Cruz, ésta reviste
significado especial como símbolo de la Pasión, pero también de la

victoria de Cristo (aunque los primeros fieles tardaron bastante en admitirlo, porque según las ideas antiguas la muerte en la cruz era infamante, «un escándalo» como escribió Pablo). Las artes plásticas del cristianismo han ideado infinitas variaciones de su forma, siendo las más corrientes la cruz griega y la latina, sin olvidar los símbolos que la aluden ocultamente, como por ejemplo el ancla. Incluso da lugar a ademanes litúrgicos, como bendecir o persignarse. – Se vincula con el simbolismo del árbol de la vida por muchos puntos y especialmente en la antigua forma de la cruz ahorquillada. El arte cristiano y las devociones populares ofrecen muchos ejemplos de cruces recubiertas de hojas y flores (*cruces de mayo*, por ejemplo), que simbolizan la victoria de Cristo sobre la muerte.

CUADRADO. Es una de las figuras simbólicas más frecuentes como representación de lo estático e inmóvil, a menudo con referencia al círculo, o en contraste con éste. Simboliza la tierra en contraposición con los cielos, lo limitado frente a lo ilimitado; también representa los cuatro puntos cardinales. – Uso frecuente como planta de templos, altares y ciudades, también como unidad arquitectónica, especialmente en la románica y sistemas derivados. – Los chinos veían cuadrado el Cosmos, y también la Tierra. – Para los pitagóricos el cuadrado simbolizaba la acción conjunta de los cuatro elementos y por tanto las fuerzas reunidas de Afrodita, Deméter, Hestia y Hera personificadas en su síntesis, la madre de los dioses Rea. Según Platón el cuadrado y el círculo representan la belleza absoluta. – En el islam el cuadrado interviene en numerosos aspectos; se dice, por ejemplo, que el corazón de los hombres vulgares es cuadrado porque obedece a las cuatro inspiraciones posibles: la divina, la angélica, la humana y la diabólica (en cambio el corazón de los profetas es triangular porque ha dejado de ser susceptible a las asechanzas del Diablo). – En el arte cristiano, a veces el cuadrado representa la tierra en contraposición con el cielo; son cuadrados los nimbos de los santos que todavía viven (en la época en que son retratados), para indicar que esa figura todavía pertenece a este mundo. – C.G. Jung considera el cuadrado como símbolo de la materia, de lo corporal, de la realidad terrestre.

CUADRADOS MÁGICOS. Disposición de los números enteros en parrilla cuadrada, de tal manera que al sumar filas, columnas o diagonales se obtenga el mismo resultado. Desempeñaron un papel importante en las matemáticas grecorromanas y también en las del lejano Oriente. – La astrología asignó a cada planeta un cuadrado mágico determinado, de ahí la expresión de *sellos planetarios*, considerándose especialmente significativos los cuadrados mágicos de 3 casillas de lado (rellenados con los enteros del 1 al 9), de 4 (al 16), de 5 (al 25), de 6 (al 36), de 7 (al 49), de 8 (al 64) y de 9 (al 81) que guardaban correspondencia, respectivamente, con Saturno (*sigilla Saturni*), Júpiter (*sigilla Jovis*), Marte (*sigilla Martis*), el Sol (*sigilla Solis*), Venus (*sigilla Veneris*), Mercurio (*sigilla Mercuris*) y la Luna (*sigilla Lunae*). Es muy conocido el cuadrado de Júpiter porque el pintor Alberto Durero lo reprodujo en su célebre grabado al cobre Melencolía I. En relación con el valor numérico de las letras, también pueden rellenarse con caracteres alfabéticos, aunque no deben confundirse estos cuadrados mágicos con los crucigramas cuadrados que se rellenan con palíndromos del tipo SATOR-AREPO. Antiguamente los cuadrados mágicos se interpretaban como expresiones de la armonía entre el mundo astral y el del «mago», conforme a las ideas del sistema microcosmos-macrocosmos.

CUCHILLO. Al igual que las tijeras y en tanto que herramienta cortante, símbolo del principio activo, masculino, que da forma a la materia pasiva, femenina. – En el hinduismo el cuchillo es un atributo de las divinidades terribles. – Otras muchas culturas, por el contrario, lo consideran talismán que ahuyenta las desgracias, posiblemente en relación con los significados simbólicos del hierro.

CUERNO. De su significación en el mundo animal deriva el simbolismo de fuerza y poder, incluso en el sentido espiritual. Así se representó cornudos a Dioniso y Alejandro Magno; también los cuernos de Moisés forman parte de esta semántica (aunque suelen atribuirse a un error de traducción entre *facies coronata* y *cornuta*). – Es frecuente la adscripción de animales cornudos a los cultos de la fecundidad, y muchos pueblos se sirvieron de los cuernos como amuletos contra las potencias hostiles. – El altar israelí de los sacrificios tenía cuatro cuernos que apuntaban hacia las cuatro orientaciones celestes simbolizando la omnipotencia de Dios. – Por su forma que recuerda una media luna, el cuerno también se vincula al simbolismo lunar. – Por la misma razón, y teniendo en cuenta su relación con la fecundidad, el cuerno también fue símbolo fálico. – El sentido negativo lo hallamos en la figura del Diablo, habitualmente cornudo. – También C.G. Jung llamó la atención sobre la ambivalencia simbólica del cuerno; por su forma y su poderío evoca el principio masculino, activo; por la abertura en forma de lira que describe podría simbolizar también el principio femenino y receptivo; en conjunto puede cobrar a veces un sentido de equilibrio psíquico y madurez.

CUERVO. Por su color, su graznido y su impertinencia muchos pueblos orientales y occidentales lo consideran mensajero de desgracias, anunciador de enfermedades, guerras y muertes. La Biblia lo relaciona entre los animales impuros. En la simbología medieval suele representar la gula, en tanto que pecado capital. – Muchas culturas, sin embargo, lo divinizaron y le atribuyeron simbolismo solar (quizá por su inteligencia, entre otros factores). – En el Japón era el heraldo de los dioses y representado de color rojo, un símbolo solar; según la creencia china, en el Sol vive un cuervo de tres patas. – Para los persas era el emblema del dios de la luz y del Sol, por lo que tenía algún papel en el culto mitraico (apareciendo su figura en numerosos monolitos). – Representado de color blanco, era emblema de las divinidades solares Helios y Apolo entre griegos y romanos. – En la mitología nórdica

Odín es el dios de los dos mundos, de los dioses y del hombre, y se le representa
con un cuervo en cada hombro.

Odín, el dios máximo de entre los ases, lleva sobre los hombros dos
cuervos, Hugin (el pensamiento) y Munin (la memoria), que le cuen-
tan todo lo que pasa en el mundo. – Por su inteligencia el cuervo también interviene en algunas leyendas del Diluvio, como emisario envia-
do en busca de tierras emergentes (Biblia y relato babilónico). Vistos
popularmente como padres sin sentimientos (que no se ocupan de su
progenie); por cuanto suelen ser de hábitos solitarios, también simbo-
lizaron el individualismo escogido deliberadamente y, en la tradición
cristiana, al descreído o hereje. La voz del cuervo simbolizaba la esperanza para los romanos: *cras, cras* («mañana, mañana»).

CÚPULA. Elemento de la arquitectura budista, islámica, bizantina y cristiana que suele ostentar la obvia representación simbólica
de la bóveda celeste, y así lo indica la frecuente ornamentación con
estrellas, aves, ángeles, carros solares, etc.

DANZA. En tanto que movimiento rítmico estructurado, y sin embargo, extático, muchas culturas han relacionado la danza tanto con las energías creativas como con las fuerzas del orden. De ahí que muchas mitologías tengan dioses o héroes que crean el mundo y al mismo tiempo lo ordenan danzando (a menudo con alusión a las variaciones cíclicas de los planetas, a las estaciones, a las horas del día, etc.). En muchas culturas las danzas rituales eran un medio para establecer la unión entre los cielos y la tierra, es decir para implorar la lluvia, la fecundidad, la gracia, etc.; tal es el sentido de las danzas de chamanes y hombres de la medicina, incluyendo además la revelación de sucesos venideros. – La danza se acompaña con frecuencia de una gestualidad simbólica, de ademanes (mano), etc., cuyo significado sólo suele ser comprensible para los iniciados. En China este arte se entendía como expresión de la armonía cósmica, estrechamente relacionada con el simbolismo y el ritmo de los números. – Entre los pueblos del África negra la danza acompaña, en principio, a casi todos los actos de la vida cotidiana y a los ritos, confiriéndoles sentido trascendente. – Los egipcios tenían numerosas danzas rituales en las que participaban personificaciones de las deidades, tal como sucede en otras muchas culturas. – En el Antiguo

Testamento sirve para expresar el júbilo espiritual, y así bailaron las mujeres para celebrar la victoria de David sobre Goliat y bailó David delante del Arca; pero también hallamos la danza seductora y letal de Salomé.

DANZA DE LA MUERTE. Una figuración de personajes de todas las edades y todas las clases sociales que bailan con la muerte, o al son que ésta toca. Solía acompañarse de banderolas con versos alusivos. En épocas posteriores el corro o rueda tiende a disgregarse, los personajes se reparten en parejas, hasta que acaba por desaparecer el tema de la danza y los individuos se enfrentan a la muerte, representada como esqueleto, de uno en uno. Este motivo probablemente tuvo su origen en la leyenda medieval de los difuntos que salen a medianoche de sus tumbas para bailar en medio del camposanto. Aparece en frescos de la primera mitad del s. XV; las versiones más conocidas sin duda son la serie de xilografías de la *Danse macabre* publicada en Paris en 1485, así como las de Holbein el Joven, evocadas y renovadas por A. Rethel en 1848 con su serie *Auch ein Totentanz.*

DELFÍN. Como animal que destaca por su inteligencia, espíritu amistoso y movilidad, muchos pueblos navegantes y pescadores lo hicieron objeto de numerosos mitos. Era un ser deiforme para los cretenses-micénicos, los griegos y los romanos. En Grecia estaba consagrado a Apolo, deidad solar, a Dioniso (como protector de los marineros), a Afrodita (nacida de la espuma del mar), a Poseidón (dios de los mares). Los infantes herederos de la corona francesa tenían un delfín en el escudo, de ahí su título de *dauphins*. Era el guía de las ánimas, que conduce al reino de los muertos las almas de los difuntos cabalgando sobre su lomo. Bajo este aspecto fue adoptado también por el arte paleocristiano y simbolizó a Cristo en tanto que Salvador.

DEMONIOS. Del griego *daimon*, en principio designaba a los dioses, luego a unos seres intermediarios entre los dioses y los humanos, capaces de influir en los destinos de éstos y en los acontecimientos cósmicos, para bien o para mal. Los filósofos griegos los reinterpretaron como la chispa divina o la voz divina en el hombre *(daimonion)*. Se les atribuye carácter impredecible o veleidoso, y capacidad para apoderarse de las energías espirituales de los humanos.

La tentación de San Antonio, grabado realizado el siglo XV por el pintor alemán Martin Schongauer.

En la Biblia se presentan exclusivamente como espíritus maléficos, ángeles caídos y potencias contrarias a la majestad de Dios (Diablo, Lilit). – Convertidos en figuras centrales de muchas elaboraciones legendarias ulteriores, unas veces como seres de poder sobrehumano (gigantes, en los cuentos populares suelen perder potencia demoníaca y aparecen como necios o ridículos), otras veces humanizados (enanos que practican industrias humanas, como la forja, con gran habilidad, y muchas veces personifican valores éticos superiores), o monstruosos y deshumanizados.

DESIERTO. Símbolo ambivalente por cuanto tiene sus aspectos negativos y positivos. En el islam aparece por lo general connotado negativamente como lugar de la confusión. – Citado a veces en los Upanishad como símbolo de la unidad indiferenciada, más allá de la vana apariencia del ser. – La Biblia lo menciona, por una parte, como lugar de abandono y lejanía de Dios, y otras veces como habitación de los demonios; pero también es el lugar en donde Dios puede manifestarse con especial intensidad (por ejemplo la columna de fuego y de nubes que condujo al pueblo de Israel por el desierto, o el desierto en donde el Bautista anunció la próxima venida del Mesías). El mismo doble sentido cobra en las vidas de los anacoretas: lugar de tentaciones donde se hacen presentes los demonios (por ejemplo a san Antonio), pero también de meditación y de cercanía con Dios.

DIABLO. Del griego *diabolos*, el calumniador, el que siembra la discordia, en hebreo *Satan*. Cualquiera de los ángeles que según la doctrina cristiana se rebelaron contra Dios, y especialmente el principal de ellos, Lucifer, el mismo que sedujo a la primera pareja humana y es desde entonces «el Príncipe de este mundo». – Representado desde el cristianismo primitivo como serpiente, dragón, león, basilisco, áspid; en el s. IX como ángel desnudo y de color oscuro; a partir del s. XI como demonio o ser quimérico, fantástico y grotesco, andrógino con algunos rasgos de sátiro, con innumerables variantes hasta el s. XVI; el máximo énfasis en la representación lo pusieron los artistas de la época de la Reforma (Durero, J. Ammann, el Bosco, P. Bruegel). Los asuntos más frecuentados: las tentaciones de Cristo o de algún santo, especialmente san Antonio, los ángeles caídos, el pecado original, el Juicio final. A partir del Renacimiento italiano y del barroco va prevaleciendo la figura humana, a la que se añade profundidad psicológica a partir del s. XIX.

DIAMANTE. Visto, por lo general, como la suprema perfección de los cristales, en razón de lo cual viene a representar la pureza absoluta, la espiritualidad, la incorruptibilidad. En la India fue ocasional símbolo de la inmortalidad; así el trono de Buda es de diamante. – El eje del mundo también lo es, de acuerdo con Platón. – En Europa las creencias populares atribuyeron al diamante diversas propiedades mágicas: curaba enfermedades, servía de antídoto contra venenos, ahuyentaba fieras, brujas y malos espíritus, confería la invisibilidad a su portador y ganaba los favores de las mujeres. – En el Renacimiento fue símbolo, sobre todo, de valentía y fuerza de carácter. – El *Physiologus* dice que el diamante es más poderoso que el hierro, y como raya todos los materiales sin ser rayado, remite a la conclusión de que «así mi señor Jesucristo juzga a todos, sin que nadie pueda juzgarle a Él».

DIENTES. Símbolo de fuerza y vitalidad, también de agresividad. El psicoanálisis interpreta la *pérdida de los dientes* como expresión de temores masculinos relacionados con la pérdida de la virilidad, e interpreta los sueños centrados en dicho tema como signo de frustración, debilidad o angustia que impide centrarse. El fantasma de la *vagina dentata* deriva de una confusión de la esfera genital con el área oral y también se interpreta como proyección de la angustia de castración masculina.

DOLMEN. En bretón, «mesa de piedra», monumento megalítico de carácter funerario constituido por una losa que se apoya sobre varias piedras hincadas verticalmente en el suelo; del neolítico, especialmente en Bretaña.

DORADO, El. Legendario país situado entre el Orinoco y el Amazonas, que se creía bendecido por una inmensa prosperidad; lo cual deriva a su vez de la leyenda del caudillo chibcha que se hacía recubrir a diario con polvo de oro, de tal manera que parecía una estatua de dicho metal. – Por antonomasia, lugar soñado de gran riqueza, gran opulencia y grandes lujos.

DRAGÓN. Monstruo fantástico, ser mixto que vive en el imaginario de muchos pueblos, serpiente con patas y alas, a veces con múltiples cabezas. En muchas religiones personifica las potencias primordiales enemigas de la divinidad y que deben ser derrotadas, en relación con lo cual se desarrolla una nutrida mitología de matadores de dragones (Indra, Zeus, Apolo, Sigfrido, Jorge). En el Antiguo Testamento representa, como figura próxima al Leviatán, la persistencia del caos previo a la existencia del mundo y que como tal amenaza a la Creación y debe ser vencido. En el Apocalipsis es un principio satánico, o símbolo del Diablo, que amenaza a la mujer

Para la cultura cristiana el dragón simboliza el mal y la destrucción, un animal al que hay que eliminar.

vestida de sol y que está dando a luz. Es derribado por el arcángel Miguel. – En los cuentos y leyendas el dragón aparece a menudo como guardián de un tesoro, o de una princesa secuestrada, con lo cual simboliza las dificultades que es preciso superar para alcanzar un fin muy alto. C.G. Jung interpreta los mitos de matadores de dragones como expresión de la lucha entre el yo y las fuerzas regresivas del inconsciente. – En el hinduismo y el taoísmo el dragón es una poderosa entidad espiritual capaz de producir el elixir de la inmortalidad. En China y el Japón trae suerte y ahuyenta a los demonios. Confiere la fecundidad porque se vincula a las energías del agua y, por tanto, al principio yin (yin y yang), pero es al mismo tiempo representante de las energías activas, viriles, del cielo, y por consiguiente responde al principio yang; en tanto que demiurgo da de sí las aguas primigenias o del huevo cósmico, y su contrincante es el tigre. Es tema ornamental muy popular el del dragón jugando con la perla de los deseos, o la pareja de dragones. En tanto que entidad poderosa y que reconcilia los contrarios, fue símbolo imperial. – El Dragón es el 5.º signo del Zodiaco chino y corresponde a Leo.

ECLIPSE DE SOL. Sobre todo el *eclipse total* en tanto que suceso poco frecuente, capaz de paralizar toda actividad humana, impresionó el ánimo de los hombres de todas las épocas y dio pie a presentimientos funestos y profecías catastróficas. – En el islam y el budismo, entre otros ámbitos culturales, el eclipse de Sol (y el de Luna) suelen relacionarse con la muerte del astro, al que se imagina devorado por un monstruo; en chino el eclipse de una luminaria y «comer» o «devorar » se designan con la misma palabra. Para los chinos estos eclipses reflejaban un trastorno del orden macrocósmico que no dejaría de tener consecuencias en el plano microcósmico, por ejemplo en la persona de algún soberano, o la de alguna de sus mujeres. – La reaparición del astro después del eclipse cobraba el sentido de comienzo de un nuevo ciclo o una nueva era.

ELEFANTE. En Asia, cabalgadura de los soberanos y símbolo del poder, de la sabiduría, de la paz y de la felicidad. El dios hindú Indra cabalga un elefante; Ganesha, popular hijo de Siva y vencedor de todos los obstáculos, tiene cabeza de elefante. En la India y el Tíbet se representa a un elefante como sustentador de todo el Universo; de ahí su habitual utilización en arquitectura a modo de

Antonio Tempesta. *Lucha del rinoceronte y el elefante* (1605).

cariátide. – En el *elefante blanco* el simbolismo del animal se asocia
al del color; según leyendas budistas, el bodhisattva fue un elefante
blanco antes de renacer como Buda en el seno de su madre la princesa Maya, por cuya causa los elefantes blancos se convirtieron en
símbolo popular del budismo. – También venerado en África como
emblema de la fuerza, la felicidad y la longevidad; algunos indicios
de culto al elefante son ritos de magia propiciatoria por los cuales
el cazador quiere hacerse perdonar. – En la Edad Media simbolizaba
la castidad conyugal, porque según Aristóteles el macho vive en la
continencia durante los dos años que dura el embarazo de las elefan-
tas. Por la misma razón se le atribuían las virtudes de la prudencia y
la templanza. El *Physiologus* adorna esta creencia comentando que
el retorno del instinto sexual se produce luego por ingesta de una
mandrágora o partes de ella. – Representado junto con un obelisco
recuerda la vinculación entre el elefante y un árbol de la sabiduría,
o de la vida, noción que aparece por primera vez en la mitología
hindú. – Simboliza también el elemento tierra. – El símbolo del elefante portador de un obelisco aparece en Italia hacia el s. XIV como
producto de la confusión entre las ideas del *Physiologus* y de otros

antiguos bestiarios con la mencionada imagen del elefante sabio, noble, puro y devoto que acompaña el árbol de la vida o de la sabiduría, transmitida a través de Persia y Bizancio.

EMBRIÓN. Símbolo de las posibilidades aún no desplegadas o realizadas, próximo al simbolismo del huevo. – El embrión de oro de los Vedas simboliza el principio de vida sustentado por las aguas del océano primordial (es evidente el paralelismo con otras nociones corrientes sobre el «huevo del mundo»).

ENANOS. Hombrecillos de la superstición popular, a menudo en figura de ancianos que se dejan ver o invisibles a voluntad, que a veces tienen pies de pato o de pájaro, que ayudan o gastan bromas pesadas; entre otras interpretaciones, podemos entender que personifican fuerzas de la naturaleza útiles pero que en último término escapan a nuestro control, o bien los procesos desconocidos o no del todo inteligibles del inconsciente. Se les atribuían muchas habilidades y el don de la sabiduría, pero destacaban sobre todo como herreros, ocupación que solían desarrollar en lugares subterráneos. Muchos de los atributos que ostentaban otros dioses atestiguan la capacidad artística de los enanos; también eran guardianes de tesoros, como por ejemplo los enanos llamados nibelungos.

ENCINA. Árbol sagrado para muchos pueblos indogermánicos. En Grecia dedicado (especialmente el encinar de Dodona) a Zeus, entre los romanos a Júpiter, entre los germanos a Donar, probablemente por su porte majestuoso y por la propiedad de atraer los rayos. Parece que los druidas comían bellotas antes de profetizar. Por la dureza y duración de su madera simboliza de antiguo la fuerza, la virilidad, la constancia; en la Antigüedad y la Edad Media se creyó que dicha madera era imputrescible, por lo cual simbolizó la inmortalidad. Los *encinares* fueron a menudo centros de culto. – A partir del s. XVIII, y especialmente en Alemania, la encina pasó a ser emblema del heroísmo y la corona de encina sustituyó en tal sentido a la de laurel desde comienzos del s. XIX.

ENCRUCIJADA. *Bifurcación,* cruce de caminos, en la mayoría de las culturas es el lugar significativo del encuentro con los poderes trascendentes (los dioses, los espíritus, los difuntos); el contenido simbólico se aproxima al de la puerta, puesto que también la encrucijada puede significar la necesaria transición hacia algo nuevo (de una etapa de la vida a otra, o de la vida a la muerte). A fin de asegurarse el favor de los dioses o los espíritus que la controlan, habitualmente se erigía en la encrucijada algún obelisco, altar o piedra con inscripción. En casi toda Europa rige también que pueda ser punto de cita de brujas y espíritus malignos; tal vez por eso, el cristianismo no dejó de multiplicar cruces de piedra, imágenes de la Virgen o de los santos, y capillas. Según la mitología griega, Edipo mató a su padre en una encrucijada; además los griegos veneraban a una diosa de tres cabezas, o de tres aspectos, que simbolizaba los caminos que abren tres posibilidades: Hécate, la dueña de las fantasmagorías y los hechizos, próxima al reino de los difuntos. También se colocaba en los cruces de caminos y en las bifurcaciones una estatua de Hermes, el guía de las ánimas. Una historia urdida por Pródico nos presenta a Hércules en la bifurcación, obligado a elegir entre el camino de la virtud o el de la molicie; el héroe prefirió la virtud. Los romanos consideraban que las encrucijadas también tenían sus lares, los cuales exigían ser venerados para que los viajes tocasen a buen fin. – Entre los antiguos germanos las encrucijadas eran lugar de elección para impartir justicia.

ENTRAÑAS. En las creencias populares de diversas culturas el aspecto de las entrañas permitía sacar conclusiones en relación con el futuro y esta técnica mántica se practicó sobre todo con las víctimas de los sacrificios rituales. Fueron también el atributo del santo Mamas, una advocación de la región veneciana y de los alrededores de Langres, en el Levante francés.

ERIZO. Los chinos y los japoneses lo veneran como símbolo de la riqueza; en Mesopotamia, en Asia central y, ocasionalmente, también en África se le adjudicó una significación solar (tal vez por la disposición radial de las púas) y relación con el fuego y la civilización. – En la Edad Media fue símbolo del Diablo (siguiendo una de las interpretaciones del *Physiologus*); otras veces lo hallamos como imagen de la avaricia o de la gula, también de la ira por la reacción de erizar las púas. En ocasiones prevalece el aspecto positivo por ser cazador de serpientes y, por tanto, un debelador del Mal.

ERMITAÑO. *Eremita*, la emblemática figura del asceta que vive en total retiro y aislamiento para procurar la perfección y la completa unidad con Dios no sólo fue conocida en el cristianismo, sino también en el judaísmo helenizado y el budismo.

ESCALERA. El significado simbólico viene a coincidir con el de la escala (o escalera de mano): desarrollo y crecimiento espiritual, perfeccionamiento gradual en la sabiduría y la prudencia. A diferencia de la escala, que habitualmente se interpreta recorrida en sentido ascensional, es decir como instrumento para alcanzar el cielo, la escalera puede tener un sentido descendente, de bajada a los abismos u otros recintos tenebrosos, simbolizando así, bien sea el descenso al reino de los muertos, o el acceso a saberes ocultos, o el buceo en el inconsciente. – Una escalera *blanca* simboliza entonces la claridad y la sabiduría, pero si es *negra* tal vez alude a la magia negra. – En la religión solar de los egipcios la pirámide escalonada servía para

que el ánima subiera a los cielos; se han hallado imágenes de barcas en cuyo centro se ha erigido una escalera por donde ascienden las almas hacia la luz. – Parecida significación se atribuye a los ziqqurat babilónicos. – La *escalera de caracol* participa además del simbolismo de la espiral.

ESCARABEO. Figura del escarabajo pelotero, que entierra sus bolas de excrementos para que la hembra haga la puesta en ellas. Como luego los escarabajos nacían (en apariencia) de esas bolas, los egipcios lo veneraban como símbolo solar (el nombre que dieron al coleóptero coincidía con la expresión «Sol naciente») y símbolo de la resurrección, celebrado en infinidad de sellos de piedra y amuletos, que son los escarabeos. Sobre el corazón de la momia se colocaba uno de mayor tamaño, portador de un texto del Libro de los Muertos en que se invita al corazón a no declarar en contra del difunto durante el Juicio que espera a éste.

ESCORPIÓN. Temido por peligroso, y venerado al mismo tiempo en Egipto con honores divinos, hubo una deidad egipcia de

e

la fecundidad y protectora de los difuntos a quien se representaba con un escorpión sobre la cabeza; a veces aparecen también escorpiones con la cabeza de Isis. – En África se le temía hasta el punto de que, en tanto que encarnación de los poderes maléficos, ni siquiera se atrevían a pronunciar su nombre. – En la Biblia aparecen a título de castigos de Dios, símbolo de la recaída de los israelitas en la idolatría, o imagen del Diablo. – En el arte medieval representó a Satán, los herejes, la muerte o la envidia. El Escorpión o *Escorpio* es el octavo signo del Zodiaco y corresponde al mes intermedio del otoño; el Sol transita por el signo entre el 23 de octubre y el 21 de noviembre; en él tiene su casa Marte (Plutón); según la astrología helenística los decanes son Marte, el Sol (Urano) y Venus (Marte, Júpiter y la Luna según la astrología india). Escorpión es signo de agua, femenino, negativo (pasivo) y fijo. El nombre de Escorpión para la constelación aparece en las fuentes babilónicas.

ESFINGE. Un ser mixto, con cuerpo de león y cabeza humana (de rey, menos frecuentemente de reina; debería decirse «el esfinge»), antiquísimo símbolo de la soberanía, entre los egipcios representó por lo general al faraón, otras veces al dios Sol, vistos en ambos casos como potencias protectoras y además invencibles. Entre los fenicios, los hititas y los asirios tomó figura de león alado o toro alado con cabeza humana. – Entre los griegos sí tuvo identificación femenina, ostentaba a las y era un ser enigmático, a veces cruel; ésta es la Esfinge a que aludimos en el lenguaje corriente. – En el arte contemporáneo, en particular mientras rigió la moda simbolista de la transición del s. XIX al XX, se representó a la esfinge como símbolo de lo enigmático que tiene la mujer.

ESMERALDA. Participa con carácter general en el simbolismo del color verde. Los indios de Mesoamérica la vinculaban con la sangre (entre ellos, tanto el verde como el rojo representaban la fuerza vital), la lluvia y la Luna. En Europa la esmeralda guarda relación, siempre por su color verde, con la fecundidad, lo húmedo, la Luna y la primavera. – Fue atributo de Venus para los romanos. – Según el Apocalipsis de Juan la esmeralda figura entre las piedras de la Jerusalén celeste. – En la Edad Media revistió un simbolismo complejo, ante todo, como talismán eficacísimo; aunque ella misma procedía de los infiernos, resultaba muy útil contra los poderes infernales; por ejemplo, con una esmeralda bajo la lengua uno podía invocar a los espíritus maléficos y obligarlos a dialogar. Una vez consagrada, es decir purificada de sus aspectos negativos, servía para liberar presos, entre otras cosas. En la simbología de la Iglesia cristiana la esmeralda significa la pureza, la fe y la inmortalidad.

ESPADA. Desde luego simboliza las virtudes militares, empezando por la fuerza viril y la valentía, lo que la convierte en símbolo del poder y asimismo del Sol (ateniendo a los aspectos activos, masculinos, y también porque los rayos solares parecen espadas); en la interpretación negativa representa los horrores de la guerra; muchos dioses de la guerra o de las tempestades tienen por atributo una espada. – También es plausible el simbolismo fálico. – Como todos los instrumentos cortantes simboliza la decisión, la separación «tajante» entre el bien y el mal y, por tanto, la justicia; en muchas representaciones del Juicio final vemos una espada de doble filo que sale de la boca de Cristo. – Con referencia a la teoría de las dos espadas, que describe la rivalidad entre el poder de la curia (primacía de la Iglesia sobre el Estado) y el Imperio (igual jerarquía de ambas instancias), cada una de estas espadas acabó por representar definitivamente el poder secular y el eclesiástico o espiritual. – La justicia y el poder quedan representados simultáneamente por la *espada flamígera* que expulsó del Paraíso a Adán y Eva. – La espada pasa por ser símbolo del rayo en algunos lugares, como el Japón y la India, donde por ejemplo la espada del oficiante védico se llamó «rayo de Indra». – Una espada que nunca se desenvaina representa la virtud cardinal de la templanza, en el sentido de ecuanimidad inconmovible.

ESPEJO. Se lo compara con el pensamiento por la capacidad para formar imágenes y reflejar –«reflexionar» tiene el mismo origen– la realidad. Símbolo del conocimiento, incluso el de sí mismo, la conciencia, la verdad y la claridad. También simboliza la Creación por cuanto ésta es «reflejo» de la inteligencia divina así como el corazón humano que cuando es puro recibe a Dios (o la esencia del Buda). La paremiología compara la cara o los ojos con el «espejo del alma». Por su claridad es un símbolo solar como fuente indirecta de luz, pero también lo es de la Luna; dada su pasividad representa lo femenino y en China también es un símbolo del sabio que no actúa, prefiriendo la vida contemplativa. – En el Japón, donde el espejo es símbolo de pureza total del alma, así como de la diosa del Sol, muchos templos sintoístas guardan un espejo sagrado. – Por su semejanza óptica con la superficie del agua, en algunos pueblos africanos se usó como símbolo de ésta para invocar la lluvia. – En las artes plásticas del Medioevo y del Renacimiento hallamos el espejo como símbolo de la vanidad y de los placeres carnales, aunque por otra parte también puede representar la sabiduría y la veracidad; en la Edad Media simbolizó asimismo la virginidad de María, ya que ésta fue el espejo en que Dios se «reflejó» a sí mismo dando la persona del Hijo. – La superstición popular le atribuyó propiedades apotropaicas en numerosos países.

ESPIRAL. Es motivo ornamental muy utilizado desde la más remota antigüedad; se ha discutido mucho sobre sus significados simbólicos aunque parecen predominar los complejos semánticos «evolución cíclica», «fases de la Luna» y su influencia sobre las aguas, la fecundidad, etc., y especialmente la espiral doble: «involución e evolución a escala cósmica», «retorno y renovación», por donde parece entrar en contacto con la simbología del laberinto.

ESQUELETO. Personificación de la muerte, a menudo representado en postura de meditación o con el reloj de arena. Sus primeras apariciones corresponden al final de la Antigüedad grecorromana (los griegos habían representado a la muerte con aspecto juvenil, de efebo, como hermana del sueño, o en figura de genio que lleva una antorcha apagada). Las *danzas de la muerte* tan prodigadas en la baja Edad Media representan a personas de todo estado, sexo y condición que bailan con la muerte, lo cual aprovecha ésta para arrebatarlas a todas; en otras representaciones más tardías surge el tema de la aparición súbita del esqueleto sorprendiendo a personas que están en la flor de la vida.

ESTRELLAS. Son luminarias en el cielo nocturno y por tanto simbolizan la luz espiritual capaz de penetrar las tinieblas; pueden ser símbolo de ideales altos, o tal vez demasiado altos. – El movimiento de los astros en trayectorias regulares expresa la acción armoniosa de las potencias celestes. – En las creencias mitológicas de algunos pueblos todas las estrellas, o algunas, son difuntos cuyas ánimas quedaron colocadas en el cielo; algunas culturas indias llegan al punto de afirmar que todo ser vivo de la tierra tiene su correspondencia entre las estrellas. – En el judaísmo tardío surgió la noción de que cada estrella tiene un ángel guardián; una estrella o un ángel guiaron también a los tres magos de oriente para que hallasen el camino de Belén. Desde el punto de vista de su *gran número*, el cielo cuajado de estrellas representa en el Antiguo Testamento la descendencia prometida a Abraham, que según las interpretaciones medievales simbolizaba, a su vez, la descendencia espiritual, es decir el gran número de razas y pueblos acogidos bajo el manto de la Iglesia. – La Virgen María ha sido representada a veces con una *corona de estrellas* sobre la cabeza.

e

ESVÁSTICA. *Swastika, cruz gamada,* una cruz de cuatro ramas iguales y provistas de una prolongación en ángulo recto, o en arco, que sugiere un movimiento rotativo; también puede considerarse formada por cuatro perpendiculares, a veces invertidas, de ahí el nombre de cruz gamada. Aparece ya en la cerámica del Neolítico (III milenio a. de C.) y fue signo muy difundido en Asia

Esvástica en un mosaico de la iglesia bizantina excavada en Shavei Tzion (Israel).

y Europa, no tanto en África y América central pero, en cualquier caso, conocido en todo el mundo. Por lo general se interpreta que representa la rueda solar, unos rayos cruzados o (en los países nórdicos) el martillo de Tor. Comúnmente era símbolo de buen augurio o de salud; entre los budistas simbolizaba «la llave del paraíso», y en el arte románico del Medioevo respondió a intenciones apotropaicas.

EVANGELISTAS, SÍMBOLOS DE LOS. Atributos

asignados a los evangelistas en el arte cristiano, y que representan en ocasiones a los evangelistas mismos: el ángel o figura humana por Mateo, el león por Marcos, el toro por Lucas y el águila por Juan. Estas atribuciones se retrotraen a una visión del Apocalipsis de Juan (tetramorfo), y se interpretan en general con referencia a Cristo: éste se hizo hombre por su nacimiento, murió como el toro de los sacrificios, resurgió como león de su sepultura y ascendió a los cielos como el águila. Más adelante se generalizó una interpretación distinta: la figura humana (muchas veces alada) de Mateo alude a la genealogía de Jesús y a su nacimiento (así empieza el evangelio de Mateo); el león remite al comienzo del evangelio de Marcos (la predicación de Juan Bautista en el desierto); el toro, en tanto que animal del sacrificio, recuerda el comienzo del evangelio de Lucas (el sacrificio ofrecido por Zacarías); el águila de Juan simboliza la elevación espiritual de este evangelista.

EXCREMENTOS. Entre los pueblos naturales tienen consideración de sustancias valiosas y que poseen diversas propiedades útiles; es también frecuente la asociación simbólica con el oro. – En algunos pueblos africanos existe la creencia de que los montones de estiércol están habitados por ánimas y que luego éstas pasan al cuerpo de las mujeres. – La estima de los excrementos conduce en algunos pueblos a la coprofagia ritual, mediante la cual intentan incorporarse las virtudes o los poderes del humano o el animal de quien proceden aquéllos; en una idea similar se funda también la frecuente utilización de los excrementos de distintas procedencias en las fórmulas de la antigua farmacopea. – El psicoanálisis freudiano demostró que la consideración positiva de los excrementos guarda relación con las representaciones de la fase anal del desarrollo psíquico en la infancia.

FAISÁN. En las representaciones mitológicas, especialmente de la antigua China, simbolizaba sobre todo por su canto y sus danzas la armonía cósmica; la voz y el batir de alas se comparaban con el trueno, las tormentas, la lluvia y la primavera. Se le consideraba vinculado al principio yang (yin y yang); en el decurso de las estaciones del año el faisán se transformaba en serpiente, asociada al principio yin, y viceversa – En la Antigüedad y la Edad Media el *faisán dorado* se asimilaba al ave fénix.

FALO. Del griego *phallos*, el pene, especialmente en sus representaciones icónicas. En tanto que presencia poderosa de una deidad o signo de un poder mágico, simboliza –además de la fecundidad y el origen de la vida– toda una serie de fuerzas cósmicas, de ahí el reiterado uso de sus figuraciones como amuletos y trofeos mágicos, y su especial veneración en las culturas agrarias. Fueron muy frecuentes los cultos fálicos en la Antigüedad (Dioniso, Deméter, Osiris, etc.), en el hinduismo, en el sintoísmo y entre muchos pueblos naturales.

FARO. Simboliza en el arte paleocristiano el puerto celestial adonde arribará el alma después de esa travesía erizada de peligros que es la vida mundanal; en el barroco simbolizó la vida del cristiano ejemplar (porque ha enseñado a los demás el rumbo a seguir).

FÉNIX. El ave sagrada de los antiguos egipcios (llamada por ellos *benu o boine*), identificada al principio con el aguzanieves, luego con la garza, o con un halcón dorado que tenia cabeza de garza; era una personificación de la divinidad solar (y se posó en la montaña primigenia cuando fue creado el mundo) y presidía la carrera cotidiana del Sol así como la crecida anual del Nilo. Esta relación con eventos que se reiteran cíclicamente fue reinterpretada por griegos, romanos y padres de la Iglesia cristiana (éstos remitiéndose generalmente al *Physiologus*), hasta que resultó el muy difundido símbolo del pájaro que después de cierto número de años (500, 1000 y 1461, según versiones), se prende fuego a sí mismo y renace de sus cenizas. En esta versión es un símbolo de Cristo así como de la inmortalidad (resurrección de los justos que vence a la muerte).

FIGURAS RUPESTRES. Pinturas, dibujos y relieves realizados sobre la roca, especialmente las pinturas y los dibujos del paleolítico y el neolítico. Se encuentran en todo el mundo y algunas son históricas (ya que muchas culturas de cazadores siguen practicando esta forma de expresión), aunque las más antiguas deben datar de hace 30.000 años. Valoradas hoy como las primeras manifestaciones artísticas del hombre, las características habituales suelen ser gran expresividad, a veces potente naturalismo y limitación de los motivos (animales, por lo general, pocas figuras humanas, y algunos símbolos). En cuanto al significado, es dudoso que corresponda a la magia propiciatoria (en beneficio de los cazadores), sino que debe ubicarse en lo ritual y religioso. Son del paleolítico superior las figuras rupestres de las cuevas calcáreas del sur de Francia (Lascaux, Les Combarelies, Font-de-Gaume) y noroeste de España (Altamira, El Castillo), y representan el mamut, el bisonte, el uro, el ciervo, el oso y el caballo salvaje, por lo general en negro, rojo y ocre. En el

neolítico aparecen figuras humanas, habitualmente muy estilizadas (yacimientos en el este de España y el Sahara). Merecen considera ción particular las figuras rupestres del África central y Sudáfrica (arte de los bosquimanos) y de Australia.

FLAUTA. Atributo frecuente de la vida pastoril. – El sonido de la flauta ha tenido variadas interpretaciones como voz de los ángeles o de seres míticos o hechizados. En las danzas de los derviches giró-vagos el sonido de las flautas de caña simboliza el lamento del alma separada de Dios, y que anhela el retorno a las esferas celestiales.

FLOR. Imagen de coronación, de plenitud definitiva y de lo esen-cial. Símbolo de la belleza, sobre todo la femenina. En su relación receptora con respecto al Sol y a la lluvia la flor tiene también un significado de entrega pasiva y sumisión, aunque por la disposición generalmente radial de la corola puede simbolizar el Sol mismo. Por ser de escasa duración representa lo efímero y pasajero, la incons-tancia. En ocasiones la flor y también la mariposa que la visita se vinculan con las ánimas de los difuntos. Por colores la flor *amarilla* representa el Sol; la *blanca* es símbolo de muerte, o de la inocencia; la *roja* recuerda la sangre y la *azul* representa los sueños y los secretos (flor azul). Las flores *doradas* aparecen a veces, especialmente en el taoísmo, como símbolos de la más alta vida espiritual. – En el Japón el arte del arreglo floral *(ikebana)* da lugar a todo un lenguaje de expresiones simbólicas, diferenciado en varias escuelas; las posiciones fundamentales más frecuentes son: los cielos (arriba), el ser humano (en el centro), la tierra (abajo).

FORTALEZA. Tiene carácter simbólico general de refugio, protección, a veces de retiro voluntario y diálogo interior con Dios o con uno mismo.

FRESNO. Desempeña notable papel en las mitologías nórdicas; por ejemplo, el árbol o eje del mundo Ygdrasil, inalterable y siempre verde, es un fresno. – Para los griegos y sobre todo por la dureza de su madera simbolizaba la fuerza, la solidez; algunos le atribuyeron a este árbol la propiedad de ahuyentar las serpientes.

FUEGO. Muchos pueblos lo juzgan santificante, purificador, renovador; su capacidad destructiva suele considerarse como un medio para el renacimiento en un plano superior. Algunos adoraron deidades del fuego, como lo fue Agni en la India o Hestia entre los griegos; en China hubo varias de éstas. En la Biblia se citan varias imágenes que representan a Dios o la divinidad por medio del fuego (ruedas de fuego en el Apocalipsis), animales que escupen fuego, etc.; Dios se aparece en el Antiguo Testamento como columna de fuego o zarza ardiendo. Son correspondencias frecuentes el Sol, la luz, el rayo, el color rojo, la sangre, el corazón; en contraposición con el agua, de la cual suele derivar la tierra, el fuego se dice procedente de los cielos. Varios pueblos tienen mitos de *robo del fuego,* interpretado como ofensa a los dioses. La filosofía natural griega lo consideró origen de todo ser o, por el contrario, lo relacionó con los significados de la destrucción, la guerra, el mal, lo diabólico, el infierno, la cólera divina. En la Edad Media el fuego que devoró Sodoma y Gomorra se interpretó como premonición de los *fuegos infernales*. – Las culturas que lo obtenían frotando lo pusieron en relación con la sexualidad; reiteradamente se atribuye el *origen del fuego* a un acto sexual entre entidades míticas o animales. – La eficacia apotropaica del fuego tuvo su importancia para algunos pueblos, por ejemplo los germanos no permitían que se apagase nunca el hogar, puesto que así ahuyentaban los malos espíritus. – En la alquimia se designó con frecuencia el fuego mediante el símbolo O; la astrología lo vinculó a los signos zodiacales de Aries, Leo y Sagitario.

FUENTE. Simbólicamente vinculada con el agua y también con las profundidades de lo secreto y el acceso a manantiales ocultos. El descenso suele simbolizar (por ejemplo en los cuentos populares) el conocimiento de saberes esotéricos o el acceso al reino de lo inconsciente. Sumergirse en el agua de la fuente puede ser el equivalente simbólico de beber un elixir especial (o bebedizo), confiriendo la inmortalidad, la juventud o la salud. – La Biblia utiliza con frecuencia su simbolismo en relación con la *purificación*, las *bendiciones* y el *agua de vida*. – En los países árabes las fuentes rodeadas de una tapia cuadrada suelen aludir al Paraíso. – El agua como elemento indispensable para la vida y la significación cultural y religiosa justifican la dignificación artístico-arquitectónica y las tradiciones del antiguo Oriente (documentadas a partir de Mohenjo-Daro, III milenio a.C.) fueron continuadas por la cultura urbana grecorromana. Se encuentran fuentes para abluciones tanto higiénicas como religiosas en el atrio de la basílica paleocristiana y en el patio de acceso a la mezquita (habiendo dado el arte islámico realizaciones espléndidas como las de la Alhambra). En el románico predomina la fuente con pila en forma de *concha*; en cambio el gótico prefiere la figura de *columna* ricamente ornamentada. De conformidad con una instrucción de la regla benedictina, los monasterios medievales contaban con aljibes dentro de las naves (por ejemplo el de Sluter en la Cartuja

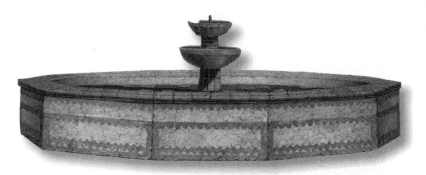

de Champmol). El Renacimiento italiano construyó fuentes monumentales (por ejemplo la de Neptuno en Bolonia), no sin influencia en Alemania (fuente de Augsburgo), acentuándose la tendencia en el periodo barroco, que añade ricas superestructuras figurativas con peñas y grutas de fantasía (la *Fontana di Trevi* de Bernini en Roma, o la *Flüsse-Brunnen* de Donner en Viena); las fuentes en combinación con los juegos de agua y los canales marcan el carácter de los jardines del barroco (por ejemplo en Versalles y Schwetzingen).

FUENTE DE VIDA. Alegoría del poder redentor de Cristo. El arte paleocristiano ideó ya la representación como recipiente de agua o manantial cubierto adonde van a beber los animales, más adelante combinada con los cuatro ríos del Paraíso o la figuración de Todos los Santos.

GACELA. Símbolo de la celeridad, en la India, por ejemplo, la relacionan con el aire y el viento. – En el mundo se mítico suele tomarse por epitome de la belleza, sobre todo en relación con sus ojos. – Se le atribuía una agudeza visual fuera de lo común; en ocasiones el cristianismo la toma por símbolo de la revelación espiritual que todo lo penetra. – En las artes plásticas desempeña más a menudo papel de víctima, perseguida o muerta por las fieras, con lo cual simboliza todo aquello que por noble y desvalido arriesga la aniquilación a embates de la brutalidad; en estas figuraciones la interpretación psicoanalítica halla además la imagen de las tendencias autodestructivas que nacen del inconsciente.

GALGO.
En las imágenes medievales significa la percepción, porque el galgo reconoce a su señor mejor que ningún otro.

GALLO. En África así como en algunos lugares de Sudamérica (cultos de macumba) y del Caribe (cultos de vudú), el gallo es guía de ánimas en los ritos de iniciación, y ofrenda en numerosas celebraciones extáticas mágicorreligiosas. De la creencia en una vinculación entre los difuntos y el gallo, por lo general negro, derivan los *sacrificios de gallos* para entrar en contacto con aquéllos. – Como heraldo matutino del Sol, y por su vistoso plumaje e intenso color rojo de la cresta, adquiere simbolismo solar y del fuego para muchos pueblos (por ejemplo sirios, egipcios y griegos). – En el Japón se creía que el gallo debe cantar por la mañana para que la diosa del Sol se avenga a salir de su caverna. – Por su obvia vinculación con el amanecer simboliza la victoria de la luz sobre las tinieblas, así como la vigilancia. En las creencias populares el canto del gallo suele adquirir propiedades apotropaicas, por ejemplo contra los demonios de la noche, o contra incendios en tanto que animal próximo al fuego (sobre todo el *gallo rojo*) y guardián al mismo tiempo. – Por su poderoso instinto genésico es además emblema de fecundidad, de manera que los sacrificios de gallos pasaron a formar parte de distintos ritos de las cosechas. – En el lejano Oriente y también entre griegos y romanos figura, por su combatividad, como símbolo de la lucha, del valor y de la gallardía. – En su función de anunciador del amanecer, para los cristianos es símbolo de la Resurrección y del retorno de Cristo en el día del Juicio Final. El gallo de las veletas, o giraldilla, por el lugar elevado en que se halla es el primero que recibe la luz de la mañana, con lo cual simboliza la victoria de la luz de Cristo sobre los poderes de las tinieblas y, al mismo tiempo, recuerda el deber de la oración matutina. – En la Europa actual el gallo suele simbolizar la vanidad masculina o el comportamiento del que «gallea» o «se hace el gallito».

GANSO. Un ganso primigenio tuvo gran papel en la mitología egipcia, bien por haber puesto el huevo del mundo o bien, según otras versiones, por haber sido lo primero que nació de él. Además los gansos salvajes eran mediadores entre los cielos y la tierra tanto en Egipto como en China. – En Grecia estuvo consagrado a Afrodita, en Roma a Juno; era símbolo del amor, de la fecundidad, de la fidelidad conyugal y también de la vigilancia, atendido que los gansos del Capitolio evitaron la destrucción de éste en 387 a. de C., cuando Roma fue asaltada por los galos. – En Rusia, Asia central y Siberia es apelativo cariñoso entre cónyuges. – Para los celtas tenia significados próximos a los del cisne; lo mismo que éste era mensajero del mundo espiritual.

GÁRGOLA. Cabeza grotesca, mascarón que adorna las canaleras y suele designar a éstas por antonomasia.

GARZA. En ocasiones considerada como ave sagrada en Egipto, prestó su figura al ave *benu* (fénix). Por su largo pico simbolizó a veces, como también el ibis, la sabiduría oculta que se averigua ahondando en las cosas, o bien la curiosidad, que mete el pico en todas partes. – En la Edad Media fue símbolo de Cristo al igual que la mayoría de las aves que matan serpientes. – La garza gris por su plumaje ceniciento simbolizó la penitencia. Una garza con una piedra blanca en el pico simboliza la taciturnidad. – Según Plinio la garza derrama lágrimas cuando está afligida, por lo cual representó a Cristo en el monte de los Olivos.

GATO. Animal de simbolismo ambivalente. – Ver un gato constituía mal presagio en el Japón. – En la Cábala y en el budismo la simbología del gato es similar a la de la serpiente. – Los egipcios, en cambio, apreciaron su fidelidad a la casa, su agilidad, su utilidad, y divinizaron a una diosa en figura de gata, Bastet, la protectora de la casa, de las madres y de la progenie. – En el Medioevo los gatos eran los animales familiares de las brujas; sobre todo los de color negro representaban al Diablo y por ello la superstición los consideraba portadores de mala suerte. – El Gato es el 4.º signo del Zodiaco chino y corresponde a nuestro Cáncer.

GEMELOS. Los encontramos en diferentes versiones, unas veces de igual figura e igual color, o bien el uno claro y el otro oscuro, o el uno rojo y el otro azul, el uno con la cabeza mirando al cielo y el otro con la cabeza vuelta hacia el suelo, etc. Símbolo de dualidad en la identidad, de las contradicciones internas del hombre y de la unidad que desde un punto de vista superior forman el día y la noche, la luz y las tinieblas. También significan equilibrio y armonía. En las cosmogonías de diversos pueblos hallamos gemelos de los cuales el uno es bueno y el otro malo, o el uno ayuda a construir la civilización mientras el otro es destructivo. – Los gemelos o *Géminis* son el tercer signo del Zodiaco, que corresponde al último mes de la primavera. El Sol transita por el signo entre el 21 de mayo y el 21 de junio; Mercurio tiene en el mismo su casa; Júpiter (Neptuno), Marte y el Sol son los decanes asignados desde los tiempos helenísticos, y Mercurio, Venus y Saturno los que designa la astrología hindú. Es signo de aire, masculino, positivo (activo) y móvil. El nombre de Gemelos para la constelación está documentado desde los tiempos babilónicos.

GIGANTES. Individuos antropomorfos de tamaño descomunal que viven en el imaginario mitológico (titanes, cíclopes, etc.) y en los cuentos populares de muchas culturas; originariamente serían sin duda personificaciones de las fuerzas abrumadoras de la naturaleza. Casi todas las mitologías los identifican como enemigos de los dioses; en cuanto a los hombres, a veces son enemigos y otras veces los ayudan, en razón de la superior sabiduría que se les atribuye. En los cuentos populares suelen ser ogros, y en los chascarrillos, torpes y cortos de ingenio. – A veces, no obstante, se hallan connotaciones positivas en cuanto a los gigantes ancestrales que participaron o colaboraron en la Creación del mundo. – La lucha contra los gigantes

muchas veces simboliza la afirmación del hombre frente a las fuerzas naturales.

GIRASOL. Por el aspecto solar y el color, así como por su heliotropismo, es evidente símbolo solar y de la majestad en diversas culturas. – En el cristianismo ha simbolizado el amor de Dios, el alma, el pensamiento constantemente vuelto hacia la contemplación de Dios y, en ese mismo sentido, la oración; en parte dicho simbolismo es bastante reciente ya que la planta era de origen americano y fue traída a Europa por H. Cortés.

GOLONDRINA. Es ave migratoria que retorna habitualmente, por lo que se convirtió en símbolo de la primavera y, por tanto, de la luz y la fecundidad. Suele construir su nido bajo los aleros de los tejados, lo cual se considera de buen augurio para la casa. – En la Edad Media simbolizó la Resurrección porque vuelve una vez transcurrido el invierno y porque se decía que alimentaba a sus polluelos con jugo de celidonia; así también Dios hará que los difuntos recobren la vista el día del Juicio final. Dice el *Physiologus* que la golondrina anuncia el final del invierno y despierta a los dormilones por las mañanas, y que sólo procrea una vez en la vida, lo cual comenta así: el Salvador nació una sola vez de vientre de mujer, una vez fue crucificado, una vez sepultado, y una vez resucitó de entre los muertos. – Entre los pueblos del África negra suele simbolizar la pureza, porque no se posa nunca en el suelo y por tanto no entra en contacto con las inmundicias.

GORGONAS. Monstruos horribles de la mitología griega, eran tres hermanas, Euríale, Esteno y Medusa; tenían el poder de cambiar en piedra a cuantos las mirasen. Representadas con cabellera o cinturón de serpientes, y algunas veces con alas, suelen interpretarse como personificación simbólica de los aspectos terribles de lo numinoso. En singular, Gorgona se refiere habitualmente a la única de las tres hermanas que era mortal, Medusa, a quien Perseo cortó la cabeza; en épocas posteriores la representaron joven y hermosa. – La cabeza de la gorgona Medusa, representada a modo de mascarón espantoso, a veces barbudo, con boca de fiera mostrando los dientes y con la lengua fuera, simbolizaba como queda dicho lo que tiene de terrible la contemplación de la divinidad; por esto y con intenciones apotropaicas se esculpía a la entrada de los templos; también la égida llevaba una cabeza de Medusa.

GRANADA. Como otros frutos de muchas pepitas o gajos (calabaza, naranja, cidro, tomate) simboliza la fecundidad, y en particular en Grecia estuvo consagrada a Deméter, Afrodita y Hera. En la antigua Roma las recién casadas llevaban coronas de ramos de granado aludiendo a estos significados. En la India se tenía el jugo de la granada por remedio contra la esterilidad. – El abrir la granada en ocasiones se tomó por metáfora de la desfloración. – Debido al encendido color rojo de sus granos simbolizó también el amor, la sangre y, por tanto, la vida y la muerte. Los fenicios la vincularon al Sol y le confirieron los significados de vida, poder y renovación. – En el judaísmo fue símbolo de fidelidad a la Torá. – En la Edad Media el perfume de los granos y su gran número sirvieron como imágenes de la belleza y las numerosas virtudes de María. – La forma esférica, la abundancia de los granos y el agradable olor significaron también la perfección, el infinito número de atributos y la bondad de Dios. Dicho gran número de granos encerrados en una misma envoltura sirvió también de término de comparación para la Iglesia; el zumo rojo recordaba la sangre de los mártires; la piel, dura e incomestible, pero que guarda en su interior un zumo dulce, simbolizó en ocasiones la perfección del cristiano y especialmente la del sacerdote.

GRIAL. *Graal*, objeto sagrado de la poesía medieval; en Francia era la custodia que guardaba una Sagrada Forma, el cáliz de la Cena o aquel otro cáliz en donde José de Arimatea recogió la sangre de Cristo; en la versión alemana del *Parsifal* según Wolfram von Eschenbach el Grial es una piedra que tiene poderes maravillosos, de la cual mana el alimento y que confiere la eterna juventud. Imagen del máximo júbilo celestial y terrenal, también de la Jerusalén celeste, adonde sólo pueden llegar los puros, por lo que representa asimismo la fase más alta de la evolución espiritual tras haber pasado por la sucesión de las pruebas exigidas, también espirituales.

GRULLA. En la China y el Japón, símbolo de larga vida y de inmortalidad (zancos), pues creían que alcanzaba hasta mil años. El color blanco de su plumaje se interpretaba como símbolo de pureza, y las plumas rojas de la cabeza eran señal de energía vital y afinidad con el fuego. – En la India, por el contrario, era el epítome de la alevosía y la traición. – Para ciertos pueblos africanos la grulla coronada es símbolo de la palabra y el pensamiento, sin duda por su actitud aparentemente meditativa. – Como es ave migratoria y regresa puntualmente en primavera, ha simbolizado a ésta; por ello y por su notable cortejo (danzas nupciales) también simbolizó el amor y la alegría de vivir entre los griegos y los romanos. Por ser devoradora de serpientes remite a Cristo para los cristianos.

GUADAÑA. Al igual que la segur, simboliza el tiempo que todo lo destruye (Cronos) y la muerte; a partir del Renacimiento es atributo de la muerte personificada como esqueleto.

GUANTE. Símbolo de jurisdicción y señorío, sobre todo en los usos caballerescos de la Edad Media; el guante arrojado implicaba un desafío a duelo, y el gesto mismo simbolizaba un bofetón que no se propinaba físicamente porque habría sido demasiado infamante entre caballeros; más adelante éstos adoptaron la costumbre de llevar en el sombrero o el casco un guante de su dama. – El uso de guantes fue durante mucho tiempo privilegio de la nobleza y por tanto, símbolo de casta. – Entre los francmasones forman parte del atuendo ritual, son habitualmente blancos y quieren simbolizar tanto el trabajo a realizar como la pureza de intenciones. También en la Iglesia católica representan la pureza y la dignidad.

HACHA. Símbolo de la guerra, de la destrucción, pero también del trabajo, lo mismo que el martillo. Como instrumento de las hecatombes también es emblema del culto, y además símbolo de poder y de autoridad (en especial como *hacha doble*). Vinculada por diversas interpretaciones simbólicas con el rayo. – En la Biblia el hacha ya aplicada a la raíz del árbol alude al Juicio Final. – Un hacha sobre el vértice de una pirámide o de un cubo colocado diagonalmente aparece en algunos documentos de la primitiva francmasonería, significando seguramente la valentía que pone al descubierto los secretos ocultos. El simbolismo del hacha también se emparenta con el de la maza.

HALCÓN. Difundido símbolo solar, viril y celeste; divinizado en Egipto por su fuerza, su belleza y la elevación de su vuelo. Entre otras cosas era el animal sagrado del dios Re; el dios Horus y otras divinidades suelen adoptar figura de halcón, o humana con cabeza de halcón. – Era también utilizado en cetrería, arte de caza reservada a los príncipes y símbolo, por tanto, de la vida cortesana. Estilizado en el escudo de Ucrania desde las primeras dinastías de vikingos o variegos en Rusia hasta 1918, y también en la numismática rusa más antigua (monedas de Oleg). – Especialmente durante el Renacimiento, el halcón encapirotado significó la esperanza de la luz que disipará la oscuridad, a veces en combinación con la divisa *post tenebras spero lucem*.

HAZ DE ESPIGAS. Símbolo común de las cosechas, de la plenitud y la prosperidad. En los ritos de la recolección el primer haz o el último tenían propiedades particulares, que podían resultar nocivas si no se cumplía con el ceremonial adecuado, por ejemplo regalarlo o echarlo en el sembrado del vecino. – En tanto que unión de muchos elementos análogos el haz reviste diversos significados simbólicos parecidos a los del ramo.

HENO. En tanto que *hierba seca* y, en cierto sentido, «muerta», en la Biblia simboliza el carácter pasajero de lo terrenal y de la vida humana.

HERMAFRODITA. Símbolo de la coexistencia de los contrarios, o de la mediación entre ellos, así como de la plenitud del ser humano. Muchas religiones tienen deidades que reúnen ambos se-

Hermafrodita durmiente en el Louvre. Escultura en mármol de estilo griego, copia romana del siglo II a.C.

xos. En su *Banquete*, Platón recoge el mito según el cual esta doble naturaleza era el estado originario de la humanidad. – La *materia* prima y la piedra filosofal de los alquimistas, que debían obtenerse mediante la reunión de los principios masculino y femenino, suelen aparecer representadas en figura de hermafrodita.

HÉROE. Según la interpretación psicoanalítica de los sueños y los cuentos populares, suele ser la personificación de las fuerzas victoriosas del yo.

HERRADURA. En muchos países se le atribuye la propiedad de alejar las desgracias y traer buena suerte, tal vez en relación con los aspectos positivos del simbolismo del caballo

HEXAGRAMA. *Estrella de David, sello de Salomón*, estrella de seis puntas formada por dos triángulos equiláteros superpuestos o entrelazados; la hallamos sobre todo en el judaísmo, el cristianismo y el islam, aunque puede señalarse que procede del yantra hindú. En el sentido más general simboliza la interpenetración de los dos mundos, el visible y el invisible; en el hinduismo, la unión del linga y el yoni. En la alquimia simboliza también la reunión de los contrarios, puesto que se forma superponiendo los signos de los elementos fuego (o aire) y agua (o tierra). Además pueden hallarse en la alquimia otras muchas especulaciones que intentan establecer correspondencias entre las distintas líneas o puntos del hexagrama y los planetas, los metales, las cualidades, etc. – La estrella de David es símbolo de la fe judaica y emblema nacional del estado de Israel. – C.G. Jung ve en ella la unión de los aspectos personales e impersonales, y también de los principios masculino y femenino.

HIDRA. Del griego *hydra*, serpiente acuática, serpiente monstruosa de la mitología griega, que tenía nueve cabezas según la mayoría de las versiones y vivía en la región pantanosa de Lema; cada vez que

Hidra, en mitología, era un monstruo del inframundo
con forma de serpiente de múltiples cabezas.

se le cortaba una cabeza le renacían dos, pero Hércules consiguió vencerla cauterizando los cuellos cortados con una antorcha. Símbolo de las dificultades y los obstáculos que es menester ir venciendo sobre la marcha cuando uno se ha embarcado en una empresa.

HIEDRA. Al igual que casi todas las siempre verdes, símbolo de la inmortalidad; en la cultura etrusca lo fue de la procreación y el renacimiento (a menudo en relación con la pantera). El color invariablemente verde y su carácter de planta trepadora que parece «abrazarse» hizo de ella el símbolo de la amistad y la fidelidad; en la antigua Grecia los recién casados eran agasajados con ramos de hiedra. – Por esa necesidad de apoyarse en otra planta más fuerte sirvió también como símbolo de la feminidad. – El intenso color verde y el vigor de esta planta hicieron de ella símbolo de potencia vegetativa y sensualidad, de ahí su destacado papel en las báquicas y dionisiacas; así, por ejemplo, las ménades, las bacantes, los sátiros y los silenos llevaban coronas de hiedra y adornaban con ella sus tirsos.

HIERRO. Símbolo muy común de fuerza, persistencia, inflexibilidad. A veces, por ejemplo entre los chinos, se sitúa en contraposición con el cobre y el bronce, éstos considerados más nobles que el hierro. En ocasiones el hierro y el cobre participan en la oposición de los símbolos agua/ fuego, norte/sur, negro/rojo, yin/yang. Pero no siempre, ni en todas las áreas culturales, se manifiesta dicha minusvaloración del hierro; en ocasiones se le atribuye origen celestial y divino, sobre todo al de los meteoritos que cayeron del cielo. – El hierro y los enseres fabricados con él a veces protegen contra los malos espíritus, y otras veces son instrumentos de éstos. Guarda relación con estas ideas la prohibición veterotestamentaria de usar herramientas de hierro en la construcción del Templo de Salomón, porque se temía que las fuerzas numinosas presentes en la piedra del altar desapareciesen ahuyentadas por el hierro. Por análogos motivos algunas culturas prohibieron el uso de instrumentos de hierro para el sacrificio ritual de los animales. – En la alquimia el hierro guarda correspondencia con *Marte*, planeta viril de la guerra y la discordia, caliente y seco, responsable de los rayos y las tormentas así como de la iracundia y la vesania.

HIGUERA. Muchos pueblos la consideran sagrada y con el olivo y la vid es símbolo de fecundidad y abundancia (aunque también de la proliferación excesiva del pueblo de Israel). En la Antigüedad se le asignó significado erótico y estuvo consagrada a Dioniso. – En la India adquirió simbolismo religioso, por ejemplo una higuera que crece del cielo abajo representa el mundo. Es símbolo del conocimiento para el budismo porque Sakya Muni recibió la iluminación (= bodhi) debajo de una higuera. – Jesús maldijo la higuera estéril, según el Nuevo Testamento, lo cual se interpreta como condenación del pueblo judío; de ahí que en el arte cristiano una higuera seca represente la Sinagoga. El *Physiologus* compara a Cristo con el fruto de la higuera, porque antes de comerlo hay que abrirlo para quitarle la avispa: «Cuando se corta el higo, al tercer día se convierte en alimento, y así también Nuestro Señor, cuyo costado fue abierto, resucitó de entre los muertos al tercer día y se convirtió en alimento y vida para todos nosotros.»

HILO. Símbolo universal de unión, por ejemplo los Upanishad mencionan un hilo que une este mundo con el otro, así como a todos los seres entre sí. También se comparan con un hilo el decurso del tiempo y la vida del individuo (Moiras). El *hilo de Ariadna* es, según la leyenda griega del Minotauro, un ovillo que Ariadna, la hija del rey Minos, le dio a Teseo y le sirvió a éste para entrar en el laberinto y volver a encontrar luego la salida, símbolo proverbial del conocimiento que es la guía por la cual deberíamos orientarnos.

HIPOPÓTAMO. Por su voracidad fue temido en Egipto, y representaba las fuerzas maléficas, la brutalidad y la injusticia; en cambio la hembra del hipopótamo simbolizaba la fertilidad y fue convertida en una deidad femenina, a la que representaban con frecuencia erguida sobre las patas traseras, y embarazada: era la protectora de las mujeres. – En el Antiguo Testamento el hipopótamo simboliza la fuerza brutal *(behemot)* que sólo el poder del Señor consigue domeñar.

HOGAR. Lugar de rico simbolismo: la casa, la compañía humana, el calor del refugio, la familia, la mujer. Desempeñó papel importante en las nociones religiosas de muchos pueblos; se han descubierto enterramientos prehistóricos junto al hogar, y éste ha servido en muchas ocasiones como lugar de culto. A su vez los *cultos del hogar* abundan, especialmente en las religiones del ámbito cultural indogermánico; el hogar es muchas veces el centro espiritual de la casa, donde se guarda el fuego sagrado; entre los romanos era la morada de los genios protectores de la casa, los lares, a quienes se ofrecían

h

libaciones junto al hogar; la diosa griega del hogar, Hestia, tomó entre los romanos el nombre de Vesta.

HOMBRE. *El ser humano* mismo, así como diversas partes y procesos del organismo humano han servido en muchas culturas como símbolos en relación con las circunstancias exteriores; estuvo muy difundida la interpretación del hombre como un microcosmos que guarda muchas analogías con el universo o *macrocosmos*. – Son asimismo muy frecuentes las correspondencias que han sugerido las partes, los órganos o las sustancias constituyentes del cuerpo, por ejemplo los huesos, en tanto que estructura soporte, con la tierra; la cabeza, en tanto que sede del espíritu, con el fuego; los pulmones, órganos de la respiración, con el aire; y la sangre, materia líquida y nutricia, con el agua. Buena parte de la medicina antigua se fundaba en las supuestas correspondencias entre los fenómenos del cuerpo humano y los del mundo en general. – Un hombre, a veces representado con alas, es el atributo del evangelista Mateo.

HORMIGA. Como la abeja, símbolo de laboriosidad y de colectividad organizada; por la costumbre de almacenar víveres, también de la previsión sabia, como por ejemplo en Prov. 6,6 y 30,25 – El *Physiologus* alude a estas propiedades: «Así deja de alimen tarte de carnes tú también, oh humano, y toma el grano almacenado en reserva.» – En la India simboliza por su actividad incansable la vanidad de todas las acciones terrenales. – Entre los pueblos africanos el hormiguero se relaciona con diversas concepciones cosmogónicas y en ocasiones con la fecundidad de la mujer, quien puede alcanzarla sentándose sobre uno de ellos.

HUEVO. Germen de la vida y por consiguiente, símbolo muy difundido de la fecundidad. – En las ideas míticas de muchas culturas hallamos el *huevo del mundo*, el cual existió –como símbolo de la totalidad de las fuerzas creadoras– desde el origen, entendiéndose que flotaba sobre el océano primitivo, y del cual salieron el mundo entero y sus elementos, o tal vez, al principio, solamente los cielos y la tierra. – Ciertos personajes míticos, por ejemplo algunos héroes chinos, nacieron también de huevos. – Por su forma simple, su color muchas veces blanco y la abundancia de posibilidades que contiene, muchas veces el huevo simboliza la perfección. – En la alquimia desempeñó papel importante el *huevo filosofal*, una imagen de la materia prima, del que se incubaba la piedra filosofal mediante el *fuego filosofal*; en particular la yema amarilla se interpretaba como símbolo del oro, así como la clara lo era de la plata. – En el cristianismo lo es de la Resurrección porque Jesús renació del sepulcro como el pollo maduro que sale del huevo, de tal manera que el *huevo de Pascua*, ya utilizado como símbolo de fecundidad por el paganismo en sus celebraciones de la primavera, adquirió así una interpretación cristiana.

HUMO. Símbolo de la unión entre el cielo y la tierra, o la materia y el espíritu. La *columna de humo* deviene a veces simbólico eje del mundo.

HUSO. Por su movimiento de giro regular simbolizó el carácter inexorable de las leyes del Destino, o universales, como la del eterno retorno; interpretable también, a veces, como símbolo sexual.

IBIS. Ave sagrada de los egipcios, símbolo y encarnación del dios lunar Thoth, inventor de la escritura y dios de la sabiduría (la forma arqueada del pico alude a la media luna, y su delgadez y longitud se relacionan con la sutileza que requiere la averiguación de la verdad, como también sucede con la garza). – El *Physiologus* lo cuenta entre los animales impuros de acuerdo con la ley mosaica, pero comenta: «Aprende tú también a bucear, a profundizar en el río del conocimiento espiritual, y ahonda en la sabiduría y la contemplación de Dios».

ÍCARO. Personaje de la mitología griega, hijo de Dédalo que echó a volar con unas alas confeccionadas por su padre con plumas y cera; pese a habérsele advertido que no se acercase demasiado al Sol, quiso volar demasiado alto, la cera se fundió e Ícaro se ahogó en el mar. – Simboliza las aspiraciones exageradas o el espíritu de aventura demasiado temerario.

La caída de Ícaro, de Jacob Peeter Gowy, 1636.

I CHING. *I-Ging*, el «Libro de las Mutaciones » de la antigua China (aprox. 1000 a. de C.) utilizado con finalidades adivinatorias, y que contiene las aplicaciones prácticas de la polaridad de los dos principios, el masculino y el femenino. Su fundamento son 64 hexa-gramas que pueden formarse a partir de 8 x 8 trigramas en donde el trazo largo representa el elemento masculino, y el trazo partido el principio femenino. Las 64 combinaciones de estos elementos forman el sistema que permite leer el futuro (u otros oráculos); de conformidad con la tradición se empleaban para ello unas varillas de aquilea.

ICONO. Pintura sobre tabla en las iglesias y casas particulares de los ortodoxos; por acción de la gracia, el santo personaje representado tiene presencia en la imagen, que es digna de iconodulía. – El arte de la pintura de iconos se caracteriza por la tendencia al hieratismo y a la abstracción (retrato de frente por lo general, fondos planos), ya que es oficio eclesiástico, ejercido por monjes, y como tal sujeto a un canon muy estricto.

ÍDOLO. Figuración plástica de un ser sobrenatural cuya presen-cia permanente o temporal en la figura se presupone. La *idolatría* ha sido característica de las antiguas civilizaciones orientales y ameri-canas, de las culturas negras del África occidental, y de los pueblos del Asia septentrional y central, entre otros. Los ídolos de forma hu-mana existieron desde el paleolítico (Venus), hechos por lo general de piedra, barro, marfil, huesos, etc., y seguramente también de madera; a partir del neolítico y las primeras culturas metalúrgicas aparecen las figuras planas estilizadas (la Grecia premicénica, Tro-ya, la Península ibérica), así como las figuras de animales y los seres mixtos. Son especialmente conocidos los *ídolos cicládicos (ídolos insulares)* de mármol, datados del III milenio a. de C.

IGLESIA. Como personificación (Ecclesia) suele contraponerse a la contumacia de la Sinagoga, por lo cual aparece con los ojos sin

i

vendar, coronada y ostentando el lábaro triunfal. – A su vez la Iglesia prefigura la Jerusalén celeste, es decir el Reino de los elegidos.

IMAGO MUNDI.

A diferencia del mapamundi es la imagen del mundo especialmente en el sentido medieval, cuando obedece a las ideas de un orden preestablecido por Dios (según san Agustín), el cual abarca toda la creación (microcosmos-macrocosmos, elementos). La noción de la imago mundi comprende, por tanto, la Tierra y el Cosmos, a diferencia de otras ideas similares de la Antigüedad grecorromana, bajo la referencia teológica del acto originario de la Creación y aplicable de una vez por todas en todos los ámbitos de la vida. Es, por tanto, una imagen mitográfica del mundo, una imagen que no es tanto geografía como exégesis, no tanto descripción como interpretación de la tierra. La comparación con lo que hoy entendemos por «mapa mundi» se excluye de antemano, por consiguiente; el concepto se vincula espiritualmente con el tema complejo del programa icónico. William Blake pinta el acto de la Creación por parte del «gran Arquitecto» del Universo recuperando fielmente el sentido de los miniaturistas medievales: un Sol gigantesco, todavía joven, inunda con su luz el acto y asiste como testigo al nacimiento de la Tierra. Medio milenio antes, el autor del mapa (izq.) había unido el Sol y la Luna (al borde izquierdo), el Edén con los cuatro ríos (arriba, centro) y el mundo conocido entonces, con Roma y Jerusalén cerca del centro. Las aguas de un océano primordial se reparten en cuatro brazos hacia el norte, el sur, el este y el oeste dividiendo el mundo habitado en cuatro continentes simbólicos que apenas tienen nada que ver con la realidad geográfica.

INCINERACIÓN. Símbolo de la purificación completa, de la transmutación de la materia en sustancias volátiles (alturas, humo), por decirlo así espiritualizadas; importante como rito funerario y en la alquimia.

Infierno, grabado de Gustave Doré de la *Divina Comedia* de Dante Alighieri.

INFIERNO. A diferencia del reino de los muertos (Más Allá), todos los difuntos del infierno llevan sin excepción una existencia de sombras; en muchas religiones es además el lugar del castigo, en tradicional contraposición con el reino de los cielos; allí reinan maléficos príncipes de las tinieblas, o el Diablo mismo, y se describe por lo general como un lugar de calor insoportable, o de tormento por medio del fuego, más raramente como un desierto helado.

INICIACIÓN. El ingreso en una nueva fase de la vida, que muchos pueblos naturales solemnizan con ritos y costumbres peculiares; especialmente la entrada en la edad adulta, más o menos coincidente con la madurez sexual, se combina con pruebas y con actos simbólicos (por ejemplo la circuncisión). Se desencadena de este modo un proceso de transformación simbólica, pero cuya eficacia consideran bien real los interesados, y dividido por lo general en tres fases: liquidación del rol antiguo y ya superado, etapa de reclusión o de vida solitaria, y retorno del sujeto a la comunidad revistiendo su nuevo rol. – En el sentido estricto se refiere a los ritos que condicionan la admisión a sociedades secretas o cultos mistéricos; en estos casos las etapas mencionadas se concretan en una experiencia de muerte simbólica (a veces ni siquiera faltan los ornamentos funerarios y los ataúdes o sepulcros), y una resurrección espiritual que implica la elevación a un plano más alto. En ocasiones los rituales de iniciación comprenden prácticas que se interpretan como retorno simbólico a la matriz. Además era preciso superar diversas pruebas, mediante lo cual el candidato demostraba haber alcanzado la capacidad moral y espiritual que suponía su nueva condición (laberinto).

ISLA. En tanto que dominio cerrado al que no se accede fácilmente, suele significar lo especial o perfecto, y aparecer en diferentes circunstancias (por ejemplo los sueños) como el lugar de la realización de los deseos utópicos que sólo se alcanzarán en un futuro. – Con frecuencia, un Más Allá donde se vive sin preocupaciones, como la *isla de los bienaventurados* de la leyenda griega, adonde van y continúan viviendo los elegidos de los dioses después de la muerte física. – En sentido negativo puede simbolizar también la tendencia a rehuir la compañía de los demás y «aislarse» queriendo evitar las dificultades de la vida cotidiana.

JABALÍ. En la imaginería de los celtas expresaba la combatividad; representado con frecuencia en sus monedas, aunque no consta que fuese objeto de culto propiamente dicho. A diferencia del cerdo su simbolismo es predominantemente positivo, excepto cuando aparece como imagen del demonio (que devasta la viña del Señor, Sal. 80,14).

JADE. Los chinos lo consideraban vinculado al principio yang (yin y yang), lo mismo que el oro; símbolo, por tanto, de energía vital y poderes cósmicos, de la plenitud, puesto que reunía las cinco perfecciones celestiales: pureza, inmutabilidad, claridad, armonía, bondad, cualidades morales a las que se añade la belleza. Tuvo aplicación como panacea; creían que era el alimento de las entidades inmateriales y que podía conferir inmortalidad o larga vida, y evitar la descomposición de los restos mortales. – En las civilizaciones mesoamericanas el jade simbolizó el alma, el espíritu, el corazón.

JAGUAR. Sobre todo en las civilizaciones mesoamericanas era una entidad ctónica relacionada con las fuerzas de la Luna y los secretos ocultos de la tierra; por esta razón se le adjudicó en ocasiones el papel de guía de las ánimas. El crepúsculo vespertino se interpreta a veces como el Sol devorado por las fauces de un jaguar gigantesco. Con frecuencia se le contrapone simbólicamente al águila, animal de identificación celeste y solar.

LE JARDIN DE M.ᵈᵉ CHAMLAY, rue du Colombier à Paris

JARDÍN. Símbolo de los Paraísos terrenales y celestiales, símbolo del orden cósmico. – En la Biblia se contrapone a la *ciudad santa* (Jerusalén celeste); mientras ésta simboliza el fin de los tiempos, el jardín es imagen del estado original humano, de la inocencia. El Cantar de los Cantares compara a la amada con un jardín o huerto. – En el jardín de las *Hespérides* de la mitología griega estaba el árbol de las manzanas de oro, el cual se interpreta por lo general como imagen del árbol de la vida. – Como huerto cerrado y refugio frente al mundo su simbolismo es próximo al del oasis y el de la isla. – El huerto cerrado al que sólo se accede por una puerta muy estrecha simboliza también las dificultades y los impedimentos que es menester superar antes de alcanzar el nivel más alto del desarrollo espiritual. – En un sentido parecido, el huerto cerrado simboliza también, desde el punto de vista masculino, las partes intimas del cuerpo femenino.

JASPE. Calcedonia de aspecto veteado debido a las inclusiones de materias extrañas. Al romperlo parece como si hubieran nacido numerosos cristales en su interior y por esta causa simbolizó el embarazo y la procreación para los babilonios, los griegos y los romanos (noción que se transmitió hasta el Medioevo). – Especialmente apreciado en la Edad Media por entender que sería de jaspe la primera piedra de la Jerusalén celeste (confundiéndolo sin duda con el *ópalo jaspeado*, de cuyo mineral hubo por ejemplo una pieza llamada *la huérfana* en la corona del Sacro Imperio); sin embargo las propiedades atribuidas al jaspe han variado mucho a lo largo del tiempo, de manera que no siempre es fácil el entendimiento de la función simbólica que se le adjudica.

JILGUERO. La superstición creyó que se alimentaba de abrojos, pero durante la Edad Media la belleza de su canto le hizo acreedor a convertirse en símbolo de Cristo (y sobre todo del niño Jesús); además representaba el alma del creyente, purificada por los padecimientos.

JÚPITER. En griego *Zeus*, el Señor de los cielos en la mitología antigua, soberano todopoderoso que esgrimía un haz de rayos. – En el plano astronómico-astrológico, el planeta de brillo blanco amarillento que destaca entre las estrellas fijas circundantes, por lo cual fue conocido desde la Antigüedad. – En la alquimia Júpiter es el estaño.

KAGAMI. Espejo japonés de metal sin mango, de uso ritual, por lo general redondo o en forma de cáliz floral, ricamente decorado y que despide unos reflejos especiales.

KALI. Esposa de Siva según la mitología hindú.

KENDO. Deporte y arte marcial en el Japón, el duelo a espada quedó por lo general trasladado al plano simbólico desde el periodo de los samurai.

KRAKE. (Plural *kraken*) Pulpo gigante, que con sus 8 tentáculos pasó a simbolizar desde muy antiguo el espíritu diabó-

lico y los abismos en general, incluidos los infernales; tal vez sirvió de modelo para la cabeza de la gorgona Medusa.

LABERINTO. Originariamente era el nombre del palacio del rey cretense Minos, que tenía una infinidad de estancias y de pasillos; luego pasó a llamarse así la guarida del Minotauro, construida por Dédalo, de donde ha resultado el nombre de todos los laberintos posteriores de la arquitectura y las artes plásticas. – El recorrido de un laberinto formaba parte de algunos ritos de iniciación, para significar la necesidad de hallar el centro espiritual oculto, de elevarse de las tinieblas hacia la luz.

LAGARTO. Por su afición al Sol guarda estrecha relación con el simbolismo solar y de la luz. Aparece con frecuencia como imagen del alma que busca la luz (del conocimiento, de Dios, de la otra vida), y es en este sentido como se halla en antiguos frescos funerarios, urnas cinerarias, y también en el arte cristiano. Igualmente remiten a este significado las representaciones de Apolo como matador de lagartos *(sauroktonos)*, simbolizando el afán de morir a manos del dios de la luz y asegurarse con tal muerte el resplandor del más allá. – En la Edad Media se estableció una relación con el anhelo del alma hacia Cristo, basada en la creencia siguiente (citada por el *Physiologus*): que el lagarto viejo, cuando se queda ciego, puede recuperar la vista colándose por una rendija que asome a Levante para fijar los ojos en el Sol naciente; de similar manera, el hombre cuya mirada espiritual amenaza con enturbiarse debe contemplar fijamente a Cristo, que es Sol de justicia. – Por el cambio anual de piel se le atribuyeron significados de renovación y resurrección. – En los países cálidos la simbología del lagarto tiene algunas connotaciones negativas, ya que su aparición coincide con los estíos y los periodos de pertinaz sequía.

LAGO. Al igual que el *estanque*, se interpreta a menudo como ojo abierto de la Tierra. – Morada frecuente de entidades subterráneas como las hadas, las ninfas, las ondinas, etc., que atraen a los humanos para llevarlos a las profundidades de su reino. – En la interpretación de los sueños suele simbolizar lo femenino, o el inconsciente.

LANGOSTA. En particular la *peregrina*, que forma grandes nubes y puede desertizar regiones enteras comiéndose toda la vegetación, símbolo de voracidad y destrucción. En el Antiguo Testamento la plaga de langosta que cayó sobre Egipto fue un castigo divino; en cuanto a la visión del Apocalipsis, se interpreta como alusión a los heréticos, o como una visión de las potencias infernales. – En China la periódica aparición de nubes de langosta se interpretó como una perturbación del órden cósmico, aunque el simbolismo primitivo del insecto se fijaba en la rápida proliferación del mismo y le atribuía, por tanto, significados de prosperidad y buena suerte; por los cambios de piel simbolizó también la transmigración de las almas.

LANZA. Al igual que todas las armas, símbolo de la guerra y del poder; también de los rayos del sol, ocasional símbolo fálico, o imagen del eje del mundo, a veces. Jabalina. – En el arte cristiano los animales alanceados suelen indicar los vicios o pecados que es preciso vencer; por esa razón las virtudes personificadas esgrimen con frecuencia lanzas; en un sentido más estricto simboliza la fortaleza (el valor) como virtud cardinal. – Una lanza pequeña que aparece en las ceremonias eucarísticas de la Iglesia ortodoxa recuerda simbólicamente la lanza de Longinos que atravesó el costado de Jesús para comprobar si había muerto (en el Medioevo la lanza de Longinos desempeñó bastante papel, por ejemplo en la leyenda del Grial).

LÁTIGO. Símbolo de poder y de autoridad judicial. – Algunas veces se comparó el rayo con un latigazo. – Según los Vedas, el mar primitivo de leche fue azotado hasta convertirlo en mantequilla, habiendo sido ésta el primer alimento de los seres vivos.

LAUREL. Como todas las siempre verdes, simboliza la inmortalidad. – En la Antigüedad clásica se le atribuyeron cualidades física y moralmente purificadoras, y se creía también que aportaba la inspiración poética y la visión de las cosas venideras, además de alejar los rayos. Estaba consagrado principalmente al dios Apolo. – Su relación con los desfiles triunfales deriva especialmente de las mencionadas cualidades purificadoras: el vencedor deseaba limpiarse la sangre derramada en las batallas. Con el tiempo pasó a simbolizar directamente las victorias y los triunfos de todo orden; por la inmortalidad que simbolizaba se adjudicaba también la corona de laurel a quienes se hubiesen distinguido en las ciencias o en las artes (en especial la poética).

LAZOS. Simbolizan con frecuencia el poder del soberano, o el del magistrado, en todo caso la facultad para atar y desatar. En otros contextos pueden ser emblema de aquellos vínculos u obligaciones que se contraen voluntariamente.

LECHE. Primero y más completo de los alimentos, en muchas culturas simboliza tanto la fecundidad como el alimento espiritual y la inmortalidad. – Por su color y su sabor suave recuerda la Luna, que en contraste con el Sol da una luz suave y blanca. – En algunas

regiones de Asia y Europa existió la creencia de que el rayo, o los incendios causados por él, sólo podían apagarse con leche. – Según las ideas cosmogónicas de la India, el Universo antes del principio era un mar de leche, el cual se convirtió en mantequilla por acción de un remolino gigantesco, o de un látigo. – El arte cristiano, además de representar con frecuencia a la Madre de Dios lactante (María *lactans*), estableció la distinción entre las madres buenas que alimentan con la leche de la verdad, y las malas que crían víboras en su seno. – Asociada a la miel, la leche se cita a menudo en la Antigüedad y el Antiguo Testamento como paradigma de gran prosperidad material o de vida espiritual (de manera que la Tierra Prometida tiene fuentes que manan leche y miel); ambas sustancias intervenían en algunas celebraciones mistéricas de la Antigüedad, así como en la liturgia del cristianismo primitivo, por ejemplo se administraban en la primera comunión como signo de la promesa redentora.

LECHUZA. Al igual que el *mochuelo*, y en tanto que ave nocturna que no soporta la luz del sol, se contrapone simbólicamente al águila. – En Egipto y la India era el pájaro de los difuntos; desde la Antigüedad hasta hoy su presencia y su canto se consideran de mal presagio y anunciadores de desgracias o fallecimientos. – En China se le asignó una función importante como ser terrorífico que junto con el rayo (cuyos destellos iluminan la noche) y el tambor (que rompe el silencio de la noche) acusa el predominio excesivo del principio yang y lleva a la destrucción. – Como ve a oscuras y mantiene, en apariencia, una postura grave y reflexiva, ha sido tomada por símbolo de la sabiduría que vence la oscuridad de la ignorancia; por lo cual fue atributo de Atenea, la diosa griega de las ciencias. – Según la Biblia figura entre los animales impuros. – En el imaginario cristiano, por ejemplo en el *Physiologus*, si bien éste alude solamente al mochuelo, tiene carácter negativo, como símbolo de la tiniebla espiritual, pero también positivo por cuanto representa la Revelación o al mismo Jesucristo como luz que alumbra la oscuridad, o como recordatorio de su temprana muerte.

LEÓN. Considerado el rey de los animales (junto con el águila reina de las aves); muy extendido animal simbólico generalmente revestido de significado solar o íntimamente relacionado con la luz, entre otras cosas por su fuerza, su color entre amarillo y dorado y su melena; la vinculación con la luz se expresa asimismo en la creencia de que no cerraba nunca los ojos. Otras cualidades de gran fuerza simbólica son el valor, la fiereza y la supuesta sabiduría. – Como emblema de poder y de justicia figura con frecuencia en los tronos y los palacios. En la China y el Japón se creía que, como el dragón, ahuyentaba los demonios, de ahí su función habitual como guardián de los templos, en esto idéntica a la de los leones egipcios, asirios y babilónicos. Las imágenes egipcias de dos leones que se dan la espalda representan el orto y el ocaso del Sol, el este y el oeste, el ayer y el mañana. – En el culto de Mitra también simbolizaba el Sol. – Los indios comparan con el león tanto al dios Krishna como a Buda. – Por su fuerza animal suele acompañar, sobre todo en la Antigüedad, a las deidades de la fecundidad y del amor, como Cibeles, Dioniso (Baco) y Afrodita (Venus). – La Biblia menciona al león con frecuencia y revestido de significados positivos o negativos; Dios se compara al león por su poder y su justicia, lo mismo que la tribu de Judá; el mismo Cristo recibe el nombre de «león de Judá»; en otros casos se atribuye carácter demoniaco a la fiereza del león. – Durante la Edad Media, y siguiendo al *Physiologus*, simbolizó la Resurrección de Cristo, con alusión a la creencia citada por varios autores, de que los leones nacen muertos y los resucita al tercer día el aliento de su padre. – Las figuras de leones que rugen recuerdan la resurrección de los difuntos en el día del Juicio Final. – El aspecto negativo y peligroso del león queda aludido en las figuraciones medievales con leones que devoran a humanos a otros animales, representando en general potencias maléficas y destructivas o castigos ejemplares. Igual valoración negativa tiene la fuerza indómita del león cuando se le presenta en lucha con el héroe (Hércules, Sansón) y vencido por éste. – El león alado es atributo y símbolo del evangelista Marcos. – Utilizado a menudo en heráldica, aludiendo por común a su fuerza. – El León o Leo es el quinto signo del Zodiaco y corresponde al segundo mes del verano; el Sol transita por el signo entre el 23 de julio y el 22 de agosto, y tiene en el mismo signo su casa; los decanes son Saturno, Júpiter y Marte (Plutón) según la astrología helenística, o el Sol, Júpiter y Marte en el sistema indio. Es signo de fuego, masculino, positivo (activo) y fijo, estando documentado el nombre de Leo o el León en las fuentes babilónicas.

LEOPARDO. Frecuente símbolo de ferocidad, agresividad, espíritu de lucha, o soberbia. – En China estaba vinculado a la Luna y se contraponía al significado solar del león. – Por el contrario, los mitos africanos lo relacionan con la luz de la aurora. – En la Antigüedad grecorromana fue el atributo de Artemis y de Dioniso, simbolizaba el vigor y la fecundidad, y como tal tenía intervención en las celebraciones dionisiacas y báquicas; por sus impresionantes saltos se comparaba con las ménades.

LEVIATÁN. Leviathan, en el mito ugarítico Lotan era la Bestia del caos, un monstruo de muchas cabezas que fue vencido por la Creación, véase Salm. 74, 13 s. Según Job 3, 8 un mago podría despertar a Leviatán, que sólo será definitivamente vencido por Dios hacia el fin de los tiempos. Dicha Bestia del caos puede llamarse también Rahab o «Dragón». – En Salm. 104,26 y Job 40, 25 queda reducido a la mera categoría de engendro marino; otra escritura mucho más tardía, en cambio, el Apocalipsis, recurre a esa noción mítica para describir a Satán (12,3 y ss.), así como a su correlato terrenal, la bestia de siete cabezas, que representa los poderes temporales.

LIBRO. Símbolo de la sabiduría, de la ciencia, y también de la totalidad del universo (compuesto de muchas hojas cada una de las cuales sustenta numerosos caracteres, todo ello forma unidad, sin embargo).

De ahí la idea de un Liber Mundi o libro del mundo, en donde están escritas todas las leyes que utilizó la inteligencia divina para crearlo. – El islam añadió la distinción entre los aspectos macrocósmico y microcósmico de este simbolismo: además del Liber Mundi, cada persona tiene el suyo, donde está inscrito su destino, lo cual prolonga algunas nociones orientales anteriores sobre unas tablas de la predestinación. – En la Biblia hallamos también el libro de la vida que designa a la totalidad de los elegidos, y el libro de los siete sellos de la Revelación, que es una suma de saberes esotéricos. Comerse un libro (o un rollo de escrituras) es encerrar la palabra divina en el corazón. – Un libro cerrado alude, en las artes plásticas, a las posibilidades o los secretos que todavía no se han manifestado; en el arte cristiano también puede ser la virginidad de María; en cambio el libro abierto, en relación con María, alude a la realización de las promesas del Antiguo Testamento. – En tanto que atributo, el libro lo es de los evangelistas, los apóstoles y los doctores de la Iglesia.

LICÁNTROPO. Hombre lobo, según leyendas y supersticiones populares, hombre que al ponerse un cinturón o una camisa de pelo de lobo adquiere algunas características lobunas, como la fuerza y la ferocidad homicida.

LIEBRE. De significación análoga a la del conejo, su simbolismo es lunar porque duerme de día y sale de noche, y por su gran fecundidad. En los cuentos y leyendas de muchos pueblos la Luna misma es una liebre, o sus manchas se interpretan como tal. Por su capacidad genésica (y tal vez porque gusta de esconderse en las grietas del suelo) se la relaciona con la Madre Tierra y es un símbolo de la constante renovación de la vida. – La noción humorística del conejo de Pascua que pone huevos refuerza el simbolismo de la fecundidad añadiendo otro símbolo de ésta, el huevo. Al atribuírsele una gran sensualidad por lo mucho que prolifera, tiene alguna relación con el simbolismo sexual. – Por su timidez tiene connotaciones de cobardía, por la supuesta facultad de dormir con los ojos abiertos es símbolo de vigilancia, y por su velocidad en la carrera simboliza lo pasajero de la vida. – La Biblia la relaciona entre los animales impuros.

LIMÓN. En el judaísmo simboliza el corazón humano; en la Edad Media representó la vida y la protección frente a las fuerzas que la amenazan, como los hechizos, los envenenamientos, las pestes, etc. Acompañó a los difuntos en la sepultura y tuvo papel en diversas ceremonias, bautismos, bodas, confirmaciones y comuniones; hacia el final de la Edad Media pasó a simbolizar la pureza y fue atributo mariano.

LIRA. Simboliza la armonía divina y las relaciones armoniosas entre los cielos y la tierra. – En la Biblia suele tocarse la lira para dar gracias al Señor o elogiarle. – Era atributo del dios griego Apolo así como símbolo general de la música y la poesía; a su sonido se le atribuyeron efectos mágicos (por ejemplo en el mito de Orfeo) y la virtud de amansar las fieras. En sentido estricto la lira griega era, con la citara, el instrumento de cuerda (éstas en número de 7) más difundido en la Antigüedad.

LIRIO. El lirio blanco es antiguo y muy común símbolo de la luz; además y sobre todo en el arte cristiano, representa la pureza, la inocencia y la virginidad, en particular en relación con las figuraciones marianas y, más particularmente, la Anunciación por el arcángel Gabriel; posiblemente se trata de la sublimación de un simbolismo originariamente fálico, atribuido al lirio por la notable forma de su pistilo. Un lirio que sale de la boca de Cristo representado como Supremo Juez simboliza la misericordia. – La expresión bíblica «lirio de los valles» alude a la entrega de quien confía en Dios. – El lirio es además antiquísimo símbolo de la realeza, de ahí su destacado papel en heráldica, aunque lo significados son variables y pueden remitir también, por ejemplo al patronazgo de María o, destacando en particular los tres pétalos, a la Trinidad.

LLAVE. El simbolismo de la llave está determinado por el hecho de que sirve para abrir y también para cerrar. El dios romano de las puertas, Jano (luego lo fue también de los comienzos), solía ostentar vara y llaves como atributos de su función. – En el Japón es símbolo de la buena suerte porque abre la despensa del arroz (y también en el sentido espiritual permite acceder a las riquezas ocultas). – En el arte cristiano simboliza, a veces como llave doble, el poder de atar y desatar concedido al apóstol Pedro, de ahí también las dos llaves que ostenta el escudo del papa. – En la Edad Media, la entrega de las llaves era acto simbólico de cesión de poderes, jurídicamente vinculante (por ejemplo, al rendir una ciudad). – En los cuentos y leyendas populares también aparece a menudo la llave como símbolo de la dificultad en acceder a cosas escondidas, o secretas; en el folklore y la canción popular es también frecuente símbolo erótico.

LOBO. Animal de simbolismo ambivalente por cuanto tiene un aspecto negativo, de fiereza diabólica, y otro positivo orientado a lo espiritual. Como ve bien a oscuras, simbolizó la luz especialmente en el norte de Europa y entre los griegos, que lo representaron en ocasiones como acompañante de Apolo *(Apollon lykios)*. – En China y Mongolia conocieron un lobo celeste que era para los mongoles el antepasado de Gengis Khan, y para los chinos el guardián del palacio celestial. As-

pecto positivo reviste también la legendaria loba que amamantó a los gemelos expuestos Rómulo y Remo, y que se convirtió en el emblema de Roma representando las energías animales y telúricas de tipo benéfico. – Al igual que el perro, en ocasiones el lobo es guía de ánimas. – El lobo en su carácter de fiera devoradora se presenta en la mitología germánica, por ejemplo como demonio peligroso, cuyo aullido anuncia el fin del mundo. – En el hinduismo es acompañante de las deidades terribles. – Muchos pueblos lo consideraron representación de la guerra o de la agresión. – En la Antigüedad estuvo vinculado con frecuencia a los mundos subterráneos; por ejemplo Hades lleva un manto de piel de lobo. – La simbología cristiana alude principalmente a la contraposición lobo-cordero, en donde éste representa a los creyentes, y el lobo a las fuerzas que amenazan la fe. Un lobo degollando a un cordero puede simbolizar la muerte de Cristo. Entre los siete pecados capitales, el lobo representa la gula y también la avaricia. – En la superstición medieval era animal temible y diabólico; los hechiceros, las brujas y los diablos podían aparecerse en figura de lobos, y también abundan los cuentos y las leyendas populares en donde el lobo reviste similares aspectos negativos. – El proverbial lobo con piel de cordero es un símbolo de la maldad hipócrita.

LOTO. Ninfácea de Egipto y Asia, tuvo importante papel simbólico en Egipto, la India y el lejano Oriente. Como la flor se cierra al anochecer y se retira dentro del agua, para no emerger y abrirse sino a la salida del sol, fue antiguo símbolo de la luz; en tanto que flor blanca, azul o roja que nace de las aguas fangosas, representa la pureza capaz de elevarse por encima de la sordidez del ambiente. – En Egipto esta planta que sustenta su propio sol, la flor, se consideró nacida de las aguas primigenias, simbolizando el universo nacido de la humedad, noción obvia en un país que debía su existencia a las aguas de un río sagrado. Era atributo de diversas deidades, figuraba en los ritos sacrificiales y funerarios, y su figura estilizada se empleó en la construcción y la ornamentación de los templos. La flor del loto azul tiene aroma agradable, al cual se atribuyeron propiedades vivificantes. – El fruto del loto se calificaba de dulce y sabroso, o así debió de parecérselo a los marinos que recalaban en las costas del norte de África y que, tras degustarlo, perdían la memoria y no querían regresar a sus países, ni se acordaban más de sus parientes, según el mito de los lotófagos que recoge la Odisea. – También el budismo y el hinduismo conocieron una abundante simbología relacionada con el loto; su germen flotante sobre las aguas remitía al huevo del mundo, símbolo de las posibilidades encerradas en la totalidad y aún no desplegadas (en ocasiones también representaba el corazón humano); la flor abierta simboliza la creación. El loto de ocho pétalos simboliza los puntos cardinales y, por consiguiente, la armonía cósmica, y en este sentido es emblema frecuente de la meditación. En las figuraciones Brahma suele aparecer sentado sobre una hoja de loto, y Buda sobre una flor o naciendo de ella. La «joya de la flor de loto» (mani padme del conocido mantra) es el Nirvana, que está presente, aunque latente, en este mundo. El loto de mil pétalos simboliza la totalidad de las revelaciones espirituales. – En la India suelen diferenciar el loto de flor roja, que es solar, y el de flor azul, adscrito más comúnmente a la Luna. – La asociación del loto y de la anémona con nociones de pureza influye hasta la Edad Media europea, aunque en versión tal vez algo menos sublimada; se creía que la simiente y las raíces de la planta atenuaban los instintos genésicos, por lo que se recomendaban a frailes y monjas como pócima.

LUNA. En el sistema geocéntrico de la astrología y la astronomía antiguas, la Luna era un planeta como los demás; hasta que se concibió el sistema heliocéntrico no se cayó en la cuenta de que pudiera ser un cuerpo satélite de la Tierra. Desde que la humanidad se dedicó a observar los astros, la órbita lunar y la sucesión de los aspectos lunares o fases han servido para la confección de calendarios y la división en meses del ciclo anual determinado por el Sol. En astrología la Luna y el Sol son, sencillamente, luminarias. – La Luna desempe-

Alegoría de la Luna, de Martin de Voos (1585).

ña destacado papel en la mentalidad mágico-religioso-simbólica de casi todos los pueblos; sus incesantes cambios de aspecto, los cuales sugieren que «vive», que mantiene unos ritmos vitales obviamente vinculados con los de la Tierra, son rasgo esencial así como el hecho de servir para el cómputo del tiempo, en lo que llegó a tener más importancia que el Sol para muchos pueblos del antiguo Oriente. Entre éstos fue venerada como un dios, o más generalmente como diosa (la Selene de los griegos y Luna de los romanos). – Como tie-ne fases creciente y menguante, e influjo sobre la Tierra y, en particu lar, sobre el organismo femenino, desde siempre ha permanecido en estrecha relación con la fecundidad femenina, la lluvia, lo húmedo y todos los ciclos vegetativos. – Algunos pueblos tuvieron ritos es-peciales con los que se trataba de ayudarla, por ejemplo en la Luna nueva o durante los eclipses, al interpretarse dichos periodos como fases de debilidad o peligro para el astro nocturno. A diferencia del Sol, entendido habitualmente como astro masculino, que tiene luz propia y vinculado al principio yang (yin y yang), la Luna pareció por lo general femenina, protectora, pasiva y unida al principio yin. Es más rara la identificación de la Luna con un individuo masculino (aunque anciano), como en el ámbito de habla alemana; en cambio son muchas las mitologías que la describen como hermana, esposa o novia del Sol. La astrología y la psicología analítica la tienen por símbolo de lo inconsciente, de la pasividad fértil, de la receptividad.

LUZ. Fenómeno omnipresente, cuyas manifestaciones conocemos bien, pero cuya esencia escapa en gran medida a nuestro entendimiento. De ahí que sea símbolo preferido para designar lo inmaterial, lo espiritual, la divinidad, pero también la vida y la felicidad. Es frecuente una distinción bastante neta entre la luz del Sol, que simboliza la inspiración y la contemplación espiritual, y la de la Luna, que por ser luz reflejada representa la forma de conocimiento mediata, la del pensamiento racional y discursivo. – A menudo la luz se define por contraposición con las tinieblas, que pasan a representar entonces la ignorancia, el embotamiento espiritual, la degeneración o la falta de evolución moral, la muerte, las desgracias o también «lo secreto». – Las nociones espaciales «arriba» y «abajo» (alturas, abismo) en el pensamiento simbólico también responden a la relación entre luz y tinieblas. – Casi todas las concepciones del mundo basadas en la dicotomía de dos principios fundamentales se remiten a la distinción entre luz y oscuridad, por ejemplo Ormuz y Ahrimán, yin y yang, ángeles y demonios, espíritu y materia, lo masculino y lo femenino, etc. La idea de una elevación o tránsito de las tinieblas a la luz desempeña un papel importante entre muchos pueblos por lo que se refiere a la evolución colectiva ya la individual, de ahí que muchos ritos de iniciación se hayan construido sobre dicha dualidad. – La separación entre la luz y las tinieblas como primer acto de ordenación interviene en las cosmogonías de muchos pueblos. – En ocasiones los místicos se refieren a unas tinieblas que están «más allá» de la luz del conocimiento (y no «debajo»), y que simbolizan la imposibilidad esencial de conocer a Dios. – En las artes plásticas la iluminación espiritual de un personaje suele representarse por medio de una aureola, un nimbo o un halo Eclipse de Sol, Fuego.

m

MAL DE OJO. Una variedad de magia de la mirada; se funda en la creencia en el poder nocivo de las miradas de determinadas personas (especialmente mujeres o individuos contrahechos); como defensa se utilizan los amuletos, las envolturas y los gestos de conjuro.

MANANTIAL. Símbolo común de las fuerzas vivificantes, de la pureza, de la fecundidad que desborda; son numerosos los pueblos, por ejemplo los griegos, que solían personificarlos como deidades femeninas. – En la Biblia, frecuente símbolo de vida eterna y renacimiento; también símbolo mariano. – C.G. Jung considera el manantial como un símbolo de la inagotable energía psíquico-espiritual.

MANDALA. Significó antiguamente círculo, en la India, pero con el tiempo el nombre sirvió para designar un tipo de diagrama geométrico circular o cuadrado, conteniendo motivos ornamentales abstractos o elementos icónicos de la religión hindú, y utilizado para la meditación. Representa simbólicamente la experiencia religiosa y es un medio auxiliar para alcanzar, mediante la meditación, la unificación con el Ser. – Para C.G. Jung el mandala mismo era un símbolo del proceso de individuación, y descubrió figuras parecidas en el onirismo de los individuos modernos.

MANDIL. Vestimenta ritual de los francmasones, por lo general de color blanco, simboliza el trabajo y la inocencia.

MANDRÁGORA. Herbácea de la familia de las solanáceas que según antiguas creencias populares nacía debajo de los patíbulos, del semen de los ahorcados. La raíz es bulbosa, a veces bifurcada recordando vagamente una figura humana. En la Antigüedad se le atribuyeron muchos usos medicinales y mágicos. Como narcótico fue utilizada por egipcios y hebreos en la preparación de intervenciones quirúrgicas. Sus aplicaciones afrodisíacas se mencionan en Gén. 30, 14 y se aluden en Cant. 7, 4 como vino aromático; la palabra hebrea duda significa planta del amor. – En el folklore medieval se le atribuye la propiedad de traer la felicidad, la fecundidad y las riquezas, y hacen referencia a ella numerosos ejemplos de los refraneros populares.

MANO. Símbolo de actividad y de poder, mediante la gestualidad simboliza también el efecto apotropaico. Hallarse en las manos de una divinidad o de un soberano significa estar entregado, pero también protegido. – Tomar la mano de otra persona, u ofrecerla, o hacerlo con ambas, es señal de franqueza y amistad, de ofrecimiento o de perdón; de ahí que haya representado en toda época el vínculo matrimonial, y tiene en muchos aspectos una significación jurídica. – En el budismo una mano cerrada significa los secretos esotéricos que deben permanecer guardados; la mano abierta de Buda significa, por el contrario, que él no retiene ningún secreto. Por otra parte, hay en el budismo y el hinduismo una serie de ademanes, cuyo significado simbólico está fijado e intervienen en las danzas rituales así como en las artes plásticas, expresando por ejemplo amenaza, sumisión, meditación, admiración, oración, desacuerdo, desafío, etc. El lenguaje de las manos y de los dedos en casi todas las culturas tiene alguna importancia como medio de comunicación y de expresión; así en ciertas partes de África, el gesto de poner la mano izquierda con los dedos recogidos en la derecha es signo de respeto y sumisión; parecido significado tenía en Roma el ocultar las manos dentro de las mangas. En la Antigüedad se ocultaban o cubrían habitualmente las manos durante la aproximación a algún dignatario, o cuando se iba a recibir algo de él. En algunas figuras cristianas hallamos el mismo gesto en señal de veneración; en los actos litúrgicos de la Iglesia es habitual cuando un laico debe llevar algún objeto sagrado del culto. – Está muy difundida también la distinción simbólica entre la mano derecha y la izquierda; de manera que, por ejemplo, la bendición por imposición de manos se realiza normalmente con la derecha y además se interpreta como una transmisión de fuerzas reales. En el arte cristiano la intervención de Dios se simboliza a menudo por medio de una mano que asoma de entre las nubes; en general la mano de Dios se interpretó como símbolo del logos encarnado; unir las manos para orar es gesto consuetudinario desde la Edad Media. – En la práctica forense todavía hoy es obligatorio levantar la mano derecha cuando se va a prestar juramento.

MANTO. Símbolo de protección, así el Manto de la Virgen en el arte cristiano del Medioevo, o de majestad, como el manto real. A veces el símbolo alude a la persona del portador; otras veces asume un significado parecido al del velo.

MANZANA. Antiguo símbolo de fecundidad, la de color rojo es también emblema muy común del amor. La forma esférica remite con frecuencia a la noción de eternidad. – Frecuente símbolo de la sabiduría espiritual, por ejemplo en la tradición celta. – Las doradas manzanas de las Hespérides eran símbolo de la inmortalidad; las manzanas de Iduna confirieron a los Ases germánicos la eterna juventud. – Símbolo de la Tierra en la iconografía cristiana por su redondez, lo es de las tentaciones mundanas por su bello color y sabor dulce, de ahí su aparición en las figuraciones del pecado original sustituyendo al higo o al membrillo; en manos de Cristo representa la redención de ese mismo pecado, y en el árbol de Navidad el retorno de la humanidad al Paraíso en virtud de dicha redención. Parecido sentido tiene como atributo de María, la nueva Eva (granada). Como orbe que representa la bola del mundo, símbolo imperial, en la Antigüedad asociado a Niké, la diosa de la victoria; cuando lo lleva un soberano cristiano suele aparecer culminado por una cruz. – La manzana tiene amplia simbología por ser uno de los primeros frutos que el hombre aprendió a recoger.

MAPAMUNDI. En sentido estricto, la descripción gráfica del mundo habitado (o habitable), forzosamente vinculada a la noción de la imago mundi: el mundo concebido, no sólo como espacio geográfico, sino en tanto que cosmos bien ordenado. Se divide la Tierra en forma de T que define 3 (número sagrado) continentes, Asia, Europa y África. En la intersección se sitúa a Jerusalén, especialmente la celeste. Otro lugar señalado es el Edén, hacia el este, pero también al norte en otros muchos mapamundi. El planteamiento global puede ser una esfera u orbe, pero también un disco plano, o un rectángulo. Un rasgo típico de estas cartas es la indicación de los vientos principales, por lo general en número de 12, lo cual indica que los puntos cardinales derivan de la indicación grecorromana de las 8 o 12 direcciones de los vientos, correspondiente a la subdivisión del círculo (horizonte) y también a la distribución del Zodiaco. El fin de las concepciones clásicas y medievales quedó anunciado cuando Jerusalén dejó de figurar en el centro y el Paraíso dejó de situarse

m

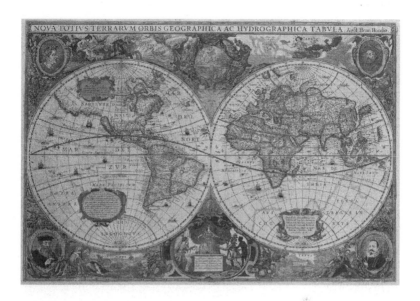

al borde (o «al margen») y hacia el norte. Las regiones inexploradas y desconocidas se poblaban de seres mixtos y animales fabulosos.

MAR. Símbolo de la inagotable potencia vital, pero también de los abismos que todo lo tragan; desde la perspectiva del psicoanálisis representa el doble aspecto de la Gran Madre que da y quita, premia y castiga; como reserva de incalculables tesoros y, al mismo tiempo, morada de seres que se ocultan en las tinieblas, también representa lo inconsciente. – En tanto que superficie de extensión inabarcable, también es símbolo del infinito, significando sobre todo para los místicos la absorción del yo individual en la divinidad.

MARFIL. Por su color blanco y su incorruptibilidad simboliza la pureza y la perseverancia.

MARIPOSA. Por su ligereza y esplendor cromático simboliza en el Japón a la mujer; dos mariposas simbolizan la felicidad conyugal. – No obstante, el simbolismo esencial de la mariposa deriva de sus metamorfosis, por las cuales el huevo se convierte en oruga y ésta, después de pasar por una fase de ninfa que participa de la rigidez e inmovilidad de la muerte, renace en forma de insecto alado de fascinantes colores, atraído por la luz del Sol. De ahí que desde la Antigüedad simbolizase el alma que no se destruye con la muerte física (su nombre en griego es «psyché»); en otras épocas posteriores la atención se fijó más en la aparente inconstancia de su revoloteo y su relación con el dios Eros. – En el simbolismo cristiano representa la resurrección y la inmortalidad; por otra parte, la brevedad de su vida y su efímera belleza hacen de ella un símbolo de la vanidad de las cosas terrenales. – En la interpretación psicoanalítica de los sueños aparece a veces la mariposa como símbolo de liberación y nuevo comienzo.

MARTILLO. Herramienta y arma, en su origen, pasó a simbolizar la fuerza y el poder. Vinculado con frecuencia al trueno, en la

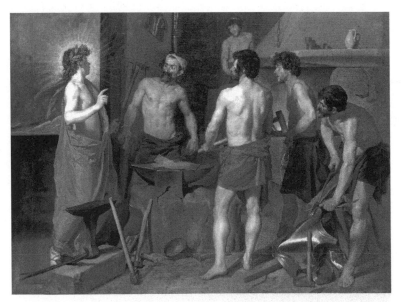

La fragua de Vulcano es una obra de Diego Velázquez pintada en Roma en 1630.

m

mitología germánica era el atributo de Tor, el dios del trueno; entre los celtas fue objeto de culto (Sucelos), a menudo representado con un mango o asta exageradamente largo y el hierro en forma de tonel. En la Antigüedad clásica era la herramienta de Hefesto, el dios herrero y señor del fuego asimilado por los romanos a Vulcano. – Algunas culturas tuvieron martillos rituales, con poder para ahuyentar el mal. – En el Norte de Europa abundan las figuras de martillos, por ejemplo en las sepulturas, indicando que se deseaba ahuyentar influjos maléficos que turbasen el sueño del difunto; en ocasiones fueron tam bién símbolos clandestinos de la Cruz. – En la francmasonería el martillo simboliza el poder de la voluntad regida por la razón. – En el mundo jurídico, el martillo reviste significado simbólico de compromiso vinculante en las subastas y otras transacciones. A la muerte de un papa se golpea tres veces con un martillo de oro el cráneo del difunto así como las paredes de la estancia, lo cual equivale a certificar legalmente la defunción.

MÁSCARA. Pieza que recubre el rostro, hecha de diversos materiales, mediante la cual el portador pretende disfrazarse y personificar aquello que la máscara representa. En todo uso de máscaras hay un trasfondo de concepciones mágicorreligiosas. Los portadores encarnan adioses y demonios que suelen intervenir con carácter festivo en danzas de máscaras cuya finalidad es el conjuro, la magia de la caza o el rito de iniciación. A veces la máscara es el emblema de una sociedad secreta. Casi todas las máscaras tratan de espantar, de ahí los rasgos entre grotescos y tristes, y la combinación del sem-

blante humano con formas animales. – Hacia finales de la Antigüedad grecorromana, una máscara de actor puesta sobre el sarcófago recordaba que «la vida es una ficción» prefigurando el tema del gran teatro del mundo.

MASCARONES. Cabezas grotescas, representando por ejemplo una gorgona, cuya mueca horrible tenía la misión de ahuyentar los maleficios. Simbolizan por su propio gesto repelente la intención del que lanza un conjuro; parecida función tenían las figuras del dios egipcio Bes.

MATRIZ. Símbolo evidente de fecundidad, pero también de protección y refugio; representa asimismo las fuer zas misteriosas y ocultas en general; el horno alquímico, donde ocurrían importantes transmutaciones físicas, místicas y morales, con frecuencia se comparó a una matriz.

MEDIA LUNA. Figuración frecuente de la Luna, con intención simbólica; era el atributo de las deidades femeninas y, sobre todo, de las virginales, por ejemplo Ártemis. – Con alusión a su fase creciente, en cambio, puede significar también el embarazo y la procreación. La relación que el arte cristiano estableció entre la Luna y la Virgen María (frecuente representación de la Inmaculada sentada sobre la media Luna), en parte tiene algo que ver con los simbolismos mencionados, aunque la noción que prevalece es la de la mujer del Apocalipsis vestida de Sol y que tiene la Luna a sus pies. – En el islam la media Luna es símbolo que significa al mismo tiempo apertura y concentración, así como la victoria de la vida (eterna) sobre la muerte. La media Luna que abarca una estrella pasó a convertirse en emblema general del islam desde la época de las Cruzadas; en los países del Oriente próximo la Media Luna Roja es la organización homóloga de la Cruz Roja de los países occidentales.

MEDIODÍA Y MEDIANOCHE. Lo mismo que los equinoccios de verano e invierno, son puntos culminantes a los que siempre se atribuyó gran importancia; en China se consideran momentos álgidos de la influencia del yang y el yin (yin y yang). – Según las creencias esotéricas, la medianoche suele ser la culminación del Sol espiritual, que no se debe confundir con el astro material, óptima para la contemplación, el conocimiento trascendente y la iniciación. En la superstición popular es «la hora de los fantasma» y de más fácil contacto con espíritus, ánimas errantes, etc. La medianoche, lo mismo que el mediodía cuando el Sol está en el cenit y los objetos no arrojan sombra, en los cuentos suelen ser las horas de las decisiones misteriosas; los mediodías del estío, en la Antigüedad, eran la hora de Pan.

MELOCOTONERO. Por su floración temprana simbolizó en China, entre otros lugares, la primavera y la fecundidad. Los japoneses lo consideraron símbolo de la virginidad. Su madera, lo mismo que la de morera, en China era tenida por remedio eficaz contra los influjos maléficos; también al fruto se le atribuía una eficacia similar. El árbol, la flor y el fruto eran además símbolos de inmortalidad.

MEMBRILLO. En la Antigüedad simbolizó la felicidad, el amor y la fecundidad, y estuvo consagrado a Afrodita (Venus); de manera que la supuesta «manzana» fue probablemente un membrillo lo mismo que las doradas manzanas de las Hespérides. En las ceremonias nupciales de Grecia, la mujer llevaba un membrillo a la casa del esposo como símbolo de la felicidad conyugal esperada.

MENHIR. Significa en celta «piedra larga», monolito hincado verticalmente en tierra, con posible significación ritual. Por lo general, de finales del neolítico, tal vez fue símbolo fálico en el sentido más amplio, que incluye los significados de autoridad y protección; quizá participó de los contenidos del eje del mundo.

MENORAH. El candelabro de 7 brazos que estaba en el Santo de los Santos; se trata del asunto judío representado con más frecuencia y, por consiguiente, es el símbolo más antiguo de los judíos como pueblo.

MICROCOSMOS. El mundo en pequeño, que se contrapone al macrocosmos. Boecio concibió esta denominación del hombre como «espejo del universo»; siguiendo a Hildegarda von Bingen, Giordano Bruno, Leibniz y otros muchos, a partir del Renacimiento y especialmente de Agrippa von Nettesheim pasó a significar también el alma humana.

MICROCOSMOS-MACROCOSMOS. El establecimiento de paralelismos entre el microcosmos y el macrocosmos es noción seguramente antiquísima, conocida ya en el Oriente Próximo desde las épocas más remotas: «Cielo arriba, cielo abajo; estrellas arriba, estrellas abajo; todo lo que está arriba también está abajo; bienaventurado tú si lo entiendes» (correspondencias, melotesía, signaturas). Quizá tenga su origen en un mito primitivo según el cual «todo» habría nacido de una única entidad anterior a la Creación. El sistema de correspondencias aludido es una de las ideas esenciales de la astrología y, en muchos aspectos, también de la alquimia, y la creencia en el mismo se ha mantenido desde la Antigüedad (Tabula smaragdina), pasando por el pensamiento místico-simbólico medieval (por ejemplo el de Hildegarda von Bingen y Agrippa von Nettesheim), hasta la edad moderna con Boehme, Goethe, Novalis, y hasta las versiones más recientes del esoterismo. Tal sistema ha ejercido gran influencia en la creación de símbolos durante la Antigüedad y el Medioevo.

MIEL. Citada a menudo junto con la leche, símbolo de dulzura, de suavidad o del sumo bien terrenal o celestial; por consiguiente, también del estado de perfecta felicidad, por ejemplo el nirvana. Por

m

su valor alimenticio simboliza asimismo la energía vital y la inmortalidad. – En China guardaba íntima relación simbólica con la tierra y con el punto medio; por cuyo motivo al emperador siempre se le servía algo de miel. – En la Antigüedad se consideraba la miel como alimento «místico», entre otras cosas porque la produce un animal inocente a partir de las inocentes flores, y lo que es más, sin que sea necesario hacerle ningún daño, ni tocarlo siquiera. De donde resulta su simbolismo de conocimiento espiritual, de iniciación, así como de paz y tranquilidad. – En algunos ritos de iniciación la primera ablución de las manos se realiza con miel, lo cual remite a sus aplicaciones médicas y como sustancia purificadora. – Por su origen derivado de la luz y el calor, y además por su color, a veces reviste una simbología solar. – La interpretación psicoanalítica de C.G. Jung considera la miel como símbolo del yo, por ejemplo de la plenitud del proceso individual de maduración.

MINOTAURO. Monstruo o ser mixto de la mitología griega, con cuerpo de hombre y cabeza de toro; el rey Minos lo tenía prisionero en el Laberinto, pero era preciso ofrecerle todos los años en sacrificio (o cada nueve años, según versiones) a unos jóvenes atenienses de uno y otro sexo, hasta que fue vencido por Teseo con ayuda del hilo de Ariadna. Simboliza las fuerzas destructoras ocultas; en algunos aspectos coincide con los significados simbólicos del centauro.

MIRRA. Resina de una terebintácea de Oriente Medio; por su olor y sus efectos balsámicos fue muy apreciada en los ritos religiosos de la India, el judaísmo y el cristianismo; entraba, por ejemplo, en la composición del óleo con que se ungían los israelitas y los evangelios la mencionan como uno de los regalos de los Reyes Magos. Por su sabor amargo, sus virtudes curativas y su empleo en la momificación de cadáveres fue puesta en relación con la Pasión y muerte de Jesucristo y también con las penitencias y el ascetismo de los creyentes cristianos.

MITO. Del griego *mythos*, desarrollo narrativo de las acciones de los dioses y de los espíritus, y de la influencia de dichas potencias sobre los cielos, la tierra y el inframundo. Estos eventos míticos se refieren como hechos reales por más que sean externos a la temporalidad física, y se repiten simbólicamente en los actos del culto, lo cual equivale a una refundación, al tiempo que interpretan los acontecimientos temporales atribuyéndolos a la intervención de alguna deidad. Por el contenido se distinguen diferentes tipos de mitos: teogonías (explican de dónde proceden los dioses), cosmogonías (explican el origen del universo y las condiciones que requiere su existencia); mitos del origen de la historia humana y sus relaciones con el orden establecido por las potencias superiores, concebido como intemporal e inmutable; soteriologías que explican cómo interviene la divinidad para llevar a cabo la obra de la salvación; y escatologías, que son los mitos que tratan del fin del mundo. –Los mitos han dado lugar a infinidad de representaciones plásticas y sobreviven como símbolos a través de numerosos cambios semánticos.

MITRA. Dios indo-iranio de la luz, en principio guardián del orden cósmico así como del jurídico; a partir del s. V a.C. inició una propagación como sincretismo de elementos religiosos iranios y griegos en forma de misterios mitraícos, al principio en Oriente, a partir del s. II d. de c. por el imperio romano. Con la cristianización de éste comienza una lenta decadencia (hasta el s. V d. de C.) de este culto al que sólo estaban admitidos los hombres y que comprendía un ágape ritual y sacrificios de toros. Los lugares del culto solían ser grutas o criptas (*mithraeum*). La religión de Mitra contribuyó mucho a la difusión de los sistemas astrológicos.

Las tres Moiras. Relieve, tumba de Alexander von der Mark, por Johann Gottfried Schadow.

MOIRAS. Diosas griegas del destino, cuyas acciones simbolizan la arbitrariedad de la fortuna; según Hesíodo eran hijas de Zeus y se llamaban Cloto, la que hila (el hilo de las vidas), Láquesis, la que distribuye las suertes, y Átropos, la que corta el hilo (tijeras). Los romanos las identificaron con sus Parcas.

MOLY. La hierba mágica gracias a la cual Ulises (Odiseo) evitó el ser hechizado por Circe; no ha sido posible su identificación con ninguna especie botánica conocida; tal vez sea una planta simbólica.

MONO. De gran utilización simbólica por su vivacidad e inteligencia, pero también por su malicia y lascivia, así como por el instinto de imitación y la avaricia agresiva. – En el Extremo Oriente a menudo simbolizan la sabiduría; son célebres los tres monos de los «establos sagrados» de Nikko, que se tapan respectivamente los ojos, las orejas y la boca, todavía hoy muy populares como emblema de la prudencia (y por tanto, la felicidad) en la vida, sobre todo en el trato con los demás: ni ver, ni oír, ni hablar. En su origen, sin embargo, eran unos mensajeros de los dioses que delataban a éstos las acciones de los humanos; se los representa mudos, sordos y ciegos a manera de conjuro mágico. – El papión sagrado fue divinizado por los antiguos egipcios, para quienes personificaba (blanco, de gran talla, en cuclillas, itifálico y muchas veces coronado con el disco lunar) al dios lunar Thot, protector de los sabios y los escribas, y otras veces mensajero de los dioses y conductor de las ánimas. Pero éstas son también recibidas en el otro mundo por monos malignos que intentan cazarlas con sus redes. – En muchos lugares de la India son sagrados e intocables, también actualmente. – El arte y la literatura del cristianismo suele contemplarlos negativamente; simbolizan (a menudo portando un espejo en la mano) la degradación del hombre esclavizado por sus vicios (aprovechando la semejanza entre monos y humanos), especialmente los pecados capitales avaricia, lujuria y vanidad. Cargado de cadenas suele representar a Satán vencido. – En la interpretación psicoanalítica el mono suele simbolizar la desvergüenza, el malestar íntimo y también (tema de la semejanza) la caricatura de la animalidad en el humano. – En el Zodíaco chino el mono es el 9.º signo, correspondiente a Sagitario.

MONSTRUO. Por lo general, personificación de representaciones generadoras de angustia y que guardan relación con el mundo exterior o con aspectos de la propia alma que se intuyen amenazadores. – En la Biblia personifican, por ejemplo, el Leviatán, aquello que es enemigo del orden promulgado por Dios. – En los cuentos y leyendas aparecen a menudo como protectores, guardianes o raptores de una doncella, contra quienes es preciso luchar para vencerlos; esto se interpreta por el psicoanálisis como símbolo de las dificultades y pruebas que hay que superar en el camino hacia la maduración de la personalidad.

MONTE. Esta noción encierra tres aspectos y significados simbólicos principales que siempre se superponen y además se interpenetran con más o menos claridad. En casi todas las culturas, la montaña es unión entre los cielos y la tierra, entre el microcosmos y el macrocosmos, y ello también se cumple, y todavía más, para las «montañas» artificiales como los ziqqurat babilónicos, los stupa de la India, las pirámides egipcias o mesoamericanas y las catedrales e iglesias cristianas, tantas veces edificadas coronando montes o confiriéndoles aspecto característico. La vinculación entre los cielos y la tierra se entiende simbólicamente, lo mismo que en el caso de la escalera, como posibilidad de elevación espiritual, con la misma connotación de ascenso dificultoso. Visto así, el monte es camino de perfección, de acercamiento a Dios para los terrestres, y el camino por donde los no terrestres toman parte en los sucesos del bajo mundo. En todas partes se encuentran, envueltos en nubes o cubiertos de nieves perpetuas, montes sagrados que son tenidos por morada de los dioses y donde comenzaron acontecimientos de trascendencia espiritual: los emperadores chinos celebraban los sacrificios en la cima de un monte; Moisés, el «hombre de la montaña», recibió las Tablas de la Ley en el Horeb; los sacerdotes mesopotámicos y los aztecas oficiaban en la plataforma superior de sus «montañas artificiales», los ziqqurat o las pirámides; pero también las leyendas de los emperadores de Occidente contienen el augurio simbólico de que el héroe o soberano no hubiese muerto, sino que sólo «se retiró» al monte y espera allí el momento de regresar cuando sea precisa su ayuda, caso del rey Arturo o de Federico Barbarroja, por citar sólo un par de ejemplos; el símbolo del largo sueño mágico es la barba que crece hasta atravesar la mesa... En las concepciones cosmológicas de muchos pueblos ese monte sagrado es el centro del mundo. Centro en tanto que simboliza la realidad absoluta, el paradigma y el lugar del tránsito. Este centro del mundo (ombligo del mundo, *omphalos*) muchas *Imagines mundi* lo representan en figura de monte piramidal o de poste; la montaña que se eleva verticalmente puede interpretarse como eje del mundo, y refuerza esta impresión el giro aparente de los astros alrededor de un punto fijo de la bóveda celeste; o bien desempeñará el papel de la montaña un árbol, el árbol del mundo. Por último la montaña sagrada puede identificarse con el templo, como también el eje del mundo se asocia con éste por vía de complicados razonamientos, interpretándose el altar como piedra sagrada. El simbolismo que rodea los montes se complica con la presencia de cavernas. El temor a escalar las cimas vírgenes de las montañas más altas, que imperó hasta época bien reciente, se explicaba por la reticencia a penetrar en los dominios de lo numinoso. Finalmente los alquimistas localizaban en el interior de una montaña el hallazgo de la «piedra filosofal» enriqueciendo así la complicada simbología del monte.

MONUMENTOS MEGALÍTICOS. Los alzados por las

culturas megalíticas utilizando grandes bloques de piedra, muchas veces traídos de muy lejos (dolmen, menhir), para formar alineamientos, circos, elipses, hasta hoy siguen dando lugar a las más va-

riadas especulaciones, desde afirmar que son centros y símbolos del culto druídico hasta querer ver en ellos observatorios prehistóricos del Sol, la Luna y las estrellas con enrevesados sistemas para la predicción de eclipses y la construcción de calendarios.

Los resultados de la arqueoastronomía ofrecen sin embargo las explicaciones más plausibles, aunque muchas veces parezca que se ha forzado la interpretación para presuponer conocimientos actuales en unos monumentos antiguos (Stonehenge). Entre los monumentos megalíticos figuran también los sepulcros de corredor construidos hacia la misma época y emplazados con arreglo a orientaciones astronómicas.

MOSCA. En el lejano Oriente era símbolo del alma desencarnada que vaga sin descanso de un lado a otro. – Por lo general vinculada a la enfermedad, la muerte y los diablos; era corriente la noción de que los demonios de las enfermedades amenazan en figura de mosca a los humanos; el diablo bíblico principal Belcebú (deriva del hebreo *Ba'al-Zebub* = Señor de las moscas), a quien se representa a veces en figura de tal, es una corrupción de Balzebub, una deidad de origen cananeo; aparece en numerosas fórmulas de hechizo de la superstición popular. – En la mitología persa, el principio negativo Ahriman se introduce en el mundo disfrazado de mosca.

MUÉRDAGO. En muchos lugares se consideró eficaz contra las enfermedades, los rayos y los encantamientos; planta de la buena suerte y, en tanto que siempre verde, símbolo de la inmortalidad, desempeñó papel destacado en las costumbres de los celtas, especialmente en la celebración del año nuevo.

MUERTE. Los artistas griegos representaron a su dios de la muerte Tánatos como un bello joven desnudo; otras veces como un anciano barbudo y alado cuyos robustos brazos arrebatan a sus víctimas. Hacia finales del periodo grecorromano (Pompeya) aparece ya la muerte en figura de esqueleto. Durante la alta Edad Media fue poco representada, por lo general como viejo o vieja de feo aspecto; a partir del s. XIV retornan y abundan las representaciones en figura de esqueleto, sobre todo en las danzas de la muerte.

MUJER. El individuo femenino adulto de la especie humana, compañera del hombre como él lo es de ella; su situación en la sociedad ha variado mucho, sin embargo, en función de los posicionamientos morales, religiosos y culturales. A partir del s. XIX y conforme quedan relegados a un lugar secundario la familia y los modos de subsistencia basados en ella (la agricultura, las industrias manuales), tenidos desde el neolítico por campo de actividad propio y peculiar de la mujer, crece la independencia de ésta y su consideración social (también por influencia de los movimientos feministas). – En el judaísmo la figura de la mujer fue símbolo de Israel, de Jerusalén o de «Zion», incluso en la prolongación del concepto de mujer hacia los de hija y novia.

MURCIÉLAGO. De muy diversa significación en tanto que animal simbólico. En el lejano Oriente era símbolo de felicidad por la homofonía de los nombres «murciélago» y «felicidad» (fu). Como vive en las cavernas (supuestas entradas del Más Allá), se creyó que era inmortal y simbolizaba esa cualidad. – Por sus hábitos nocturnos guarda relación, lo mismo que el vampiro, con el simbolismo sexual. En Europa, a los supuestos demonios y espíritus nocturnos que tenían acceso carnal a las mujeres se les atribuyó a veces figura de murciélago. – Por su facultad de orientarse a oscuras, en ocasiones simboliza la inteligencia, por ejemplo entre algunos pueblos del África negra; en tanto que animal de las tinieblas, sin embargo, aparece otras veces como enemigo de la luz; y porque duermen cabeza abajo, como adversarios del orden natural. – La Biblia los relaciona entre los animales impuros. – En la Edad Media era el ser malévolo que, por ejemplo, chupa la sangre a los niños durante el sueño; al Diablo se le atribuyeron a menudo a las de murciélago. – Por su nocturnidad puede ser también emblema de la melancolía, y sus alas guardan relación con la muerte en distintos contextos. Porque echa a volar al abrigo del crepúsculo, simboliza la envidia que no osa manifestarse sin disimulo. – En tanto que ser mixto (entre pájaro y mamífero), la alquimia lo utilizó como símbolo de los fenómenos ambivalentes, por ejemplo del hermafrodita.

MUSAS. En la mitología griega, deidades femeninas de las artes y del saber, hijas de Zeus y de Mnemósine, o también de Urano y Gaia. Tenían su sede, casi siempre cerca de algún manantial o arroyo, en Pieria, al este del Olimpo (*Musas piereas*), en el Helicón de Beocia (*Musas beocias*) y en el Parnaso de Delfos (*Musas délficas*); en principio eran tres, aunque ya Homero cita a nueve hermanas, a cada una de

Las musas eran las divinidades inspiradoras de las artes: cada una de ellas está relacionada con ramas artísticas y del conocimiento.

las cuales corresponde una disciplina artística determinada y ostenta por lo general el símbolo correspondiente, si bien éstos pueden variar. La invocación a las Musas por parte de quien se disponía a emprender una labor artística ya era habitual en tiempos homéricos por parte de los poetas, pero luego se generalizó a los centros de actividad intelectual como las academias, los círculos filosóficos, etc. – Los romanos las asimilaron a sus *camenae*. Las 9 Musas eran: Erato (la poesía erótica), Euterpe (la música), Caliope (la poesía épica), Clío (la historia), Melpómene (la tragedia), Polimnia (la canción sacra), Terpsícore (la danza), Talia (la comedia), Urania (la astronomía).

NARANJA. Simboliza la fecundidad, al igual que la mayoría de los frutos que tienen muchas pepitas o gajos.

NARCISO. Amarilidácea muy difundida, los griegos la vincularon simbólicamente con el sueño, porque después de la floración desaparece como replegándose en su bulbo, para resurgir al año siguiente de manera espectacular. Se usaba para adorno de sepulturas, a fin de recordar el parentesco entre la muerte y el sueño. En ocasiones fue símbolo de la primavera y la fecundidad. – En Asia lo es de la buena suerte. – Entre los árabes, y por su tallo recto, representó la rectitud moral del creyente que obedece a los mandamientos de Dios. – Fue símbolo mariano durante el Medioevo, probablemente por su parecido con el lirio.

NEGRO. El negro no es un color, como tampoco lo es el blanco, de ahí la analogía entre el uno y el otro; representan lo absoluto y pueden significar tanto la plenitud de vida como la total ausencia de ella. El negro aparece con frecuencia bajo los aspectos de lo no diferenciado, lo abismal, para describir las tinieblas, el caos primitivo, la muerte. Empleado como color del luto significa –a diferencia del blanco, el color de la luz, que como tal apunta a la esperanza– la aflicción resignada. – En tanto que color de la noche participa también del campo semántico madre-fecundidad-secreto- muerte, por cuya razón suelen ser negras las diosas madres y de la fecundidad, y llevan túnica negra sus sacerdotisas; en ese contexto representa simbólicamente la sangre, a veces, y se emparenta con el color rojo. En China es el color del principio femenino yin (yin y yang) y se contrapone, no al blanco sino al amarillo (en ocasiones al rojo). – Es el color del mal, de ahí la expresión magia negra. En la Corte española el negro fue durante muchos siglos color de protocolo, expresando rigor austero y seriedad. – Desde el punto de vista psicoanalítico las personas y los animales negros de los sueños significan los instintos, las tendencias del inconsciente.

NEMROD. Según la leyenda mencionada en Gén. 10, 8 y Miqueas 5,5, pero no explicada en detalle, fue un héroe y cazador antiguo, fundador del imperio asiriobabilónico; es posible que el nombre de Nemrod (Nimrod) oculte a Ninurta, dios guerrero de los asirios.

NIDO. Símbolo de protección y sosiego; en el arte medieval un nido con pájaros suele simbolizar la placidez del paraíso.

NIEBLA. Símbolo de lo indeterminado, de la transición de un estado a otro, o también de lo impreciso y fantástico. En las concepciones mitológicas de muchos pueblos es la sustancia primigenia, lo que existía antes de que estuviese creado el mundo. – En las artes plásticas intentaron representarla, por ejemplo, los pintores japoneses.

NIEVE. Es de color blanco, pura y fría, por lo que constituye símbolo de la castidad y la virginidad; de adscripción mariana en la simbología del cristianismo.

NOCHE. En contraposición con el día, símbolo de la oscuridad misteriosa, de lo irracional o inconsciente, de la muerte, y también del seno materno que protege y da vida. Un buey en los capiteles de las columnas románicas puede simbolizar la noche.

NUBES. Por su carácter de velo misterioso y porque forman parte del cielo, a menudo se creyó que eran la morada de los dioses, sobre todo cuando aparecen envolviendo cimas muy altas (por ejemplo la del Olimpo). – Es corriente que la divinidad se aparezca envuelta en nubes, como así sucede en la Biblia. – El islam las considera símbolos de la completa imposibilidad de concebir a Alá antes de la Creación. – En China la nube que se desvanece en el cielo simboliza la transformación necesaria a que debe someterse el sabio para conseguir disolver su personalidad individual en el Todo infinito. – Como portadora de la lluvia, la nube también puede ser símbolo de la fecundidad.

NUDO. Símbolo corriente de lo que une o ata, por tanto de lo que obliga, de la vinculación que tenemos respecto de las potencias que nos protegen; también de las complicaciones y dificultades. – Entre los egipcios el nudo simbolizaba la vida y la inmortalidad; el nudo de Isis, una especie de ankh con los brazos doblados hacia abajo, era un amuleto muy popular. –También son nudos los del amor y el matrimonio, de ahí su presencia en algunos ritos nupciales. – En el mundo islámico el nudo es además un símbolo protector, y de ahí proviene, por ejemplo, la costumbre masculina de hacerse nudos en la barba como defensa contra el mal de ojo. – También tiene gran difusión el significado simbólico del desatar nudos; en el budismo se dice del sabio que ha sabido desprenderse de este mundo de mera apariencia. – La muerte se ha comparado asimismo con un nudo que se desata (moño suevo). – Otro simbolismo obvio del desatar nudos nos lo da el ejemplo de las bodas en Marruecos, donde el novio para acercarse a la novia tenía que deshacer los siete nudos del vestido. – En la interpretación psicoanalítica de los sueños un nudo puede significar la presencia de un complejo muy arraigado y difícil de resolver; por el contrario un nudo que se suelta puede indicar un problema superado. – Cortar el nudo gordiano como hizo Alejandro Magno se interpreta en sentido positivo como acción decidida y audaz, negativamente como muestra de brutalidad y falta de paciencia.

a. Quercus gallifera, Galles, Gan-Eiche,
b. Quercus excamiosa, Gallarum Species et gallæ uniquilosæ, Noix des Galles,
Galläpffel, und Knoppern.

NUEZ. Su simbolismo es bastante similar al de la almendra. – En las escrituras cristianas (y siguiendo por lo general las interpretaciones de san Agustín) la consideran imagen del hombre: la envoltura verde simboliza la carne, la cáscara los huesos y el fruto dulce es el alma. En tanto que símbolo de Cristo, la envoltura verde, que tiene sabor amargo, representa la carne de Cristo porque sufrió las amarguras de la Pasión, la cáscara es el madero de la Cruz y la nuez, que alimenta y cuyo aceite da luz, la naturaleza divina de Cristo. – En las figuras de Madonnas la presencia de la nuez retorna al antiguo significado de símbolo de la fecundidad.

NUEVE. Como cuadrado de 3, número sagrado, el 9 (32 = 3 x 3 = 9) potencia ese significado, de donde las 9 repeticiones del kyrie en la liturgia romana o los 9 coros de seres angélicos; también desempeñaba un papel importante en las mitologías indogermánica y mesoasiática, como la pagoda de nueve plantas simboliza los cielos. La Edad Media cristiana lo interpreta como suma de 12 (signos zodiacales) más 7 (planetas); el contenido simbólico probablemente deriva del llamado ciclo de Metón: 19 años solares que comprenden 6.140 días (correspondientes, con bastante exactitud, a 235 lunaciones), base del antiguo calendario lunisolar de los griegos, pero conocido ya por los babilonios. Cifra simbólica probablemente por «deénfasis» del 40, que el tabú judaico evita, y por ejemplo permite evitar conflictos con las prohibiciones sabáticas. Cuadrado del 7, número sagrado (72 = 7 x 7 = 49), al que se atribuye particular eficacia; en el Nuevo Testamento la cifra después de recibir los discípulos el soplo del Espíritu Santo; el 50 interpretado como (7 x 7) + 1 remite al reposo de Dios en la interpretación judaica. La suma de los dígitos que lo componen da 18 y repitiendo la operación resulta 1 + 8 = 9 lo que llamó la atención sobre una propiedad curiosa del 9. En el simbolismo numerológico la palabra AMEN (en caracteres griegos) suma 99 (A = 1, M= 40, E = 8, N = 50, de donde 1 + 40 + 8 + 50 = 99); en el islam el rosario tiene 99 cuentas aludiendo, o bien a los 99 nombres de Alá, o bien a los 99 nombres del Profeta.

NÚMEROS. La idea de que les corresponde a los números un significado simbólico (mágico) es muy antigua; probablemente rigió ya en Mesopotamia y guarda estrecha relación con el desarrollo de la concepción microcosmos-macrocosmos. Sin duda intervino la periodicidad de ciertos eventos astronómicos así como el sistema sexagesimal de los babilonios con el gran número de divisores de la cifra 60; además se observa que muchos números simbólicos se obtuvieron por multiplicación, y casi nunca por división, lo cual remite de nuevo a los babilonios, porque éstos en vez de dividir multiplicaban por el reciproco. El simbolismo de los números tuvo una primera época triunfal con los pitagóricos y sus sucesores; otros momentos culminantes fueron la cabalística y las especulaciones mágicas medievales. En dicho simbolismo los números impares se consideran activos, masculinos, «elevados» y representan lo limitado; en la moderna notación se escriben $2n + 1$ siendo n cualquier número igual o mayor que cero. En cambio los números pares se entienden pasivos, femeninos (porque se dividen en 2 partes iguales), «receptivos», y representan lo ilimitado; en las matemáticas actuales se representan por $2n$, en donde n es cualquier número igual o mayor que cero. Los números primos son los que no admiten división exacta por ningún otro número par o impar, es decir que sólo son divisibles por sí mismos y por la unidad; simbólicamente sólo se contemplan hasta el 19 (2, 3, 5, 7, etc.), ya que los significados se complican a medida que va creciendo el número. La unidad no forma parte de los primos. A observar que los factores 2, 3 y 5 son los principales divisores del sistema sexagesimal. En el plano simbólico el cero apenas tiene sino un papel secundario, lo cual refleja su introducción relativamente tardía y vinculada al sistema de numeración que considera el lugar ocupado por las cifras. En cuanto a la multiplicación, se suponía que «potenciaba» la eficacia de una cifra al multiplicarla por otra simbólicamente significativa, en especial el 2, el 3, el 5 y sus potencias $22 = 2 \times 2 = 4$, $23 = 2 \times 2 \times 2 = 8$ $32 = 3 \times 3 = 9$ $33 = 3 = x \, 3 \times 3 = 27$, $52 = 5 \times 5 = 25$, etc. A la suma de las cifras que componen un número también se le atribuyó importancia, por ejemplo 374 se traduce como suma de $3 + 7 + 4 = 14$, que a su vez se reduce al$+ 4 = 5$, número cuyo simbolismo hay que considerar. Otra operación importante consiste en tener en cuenta el valor numérico de las letras; en su tiempo las de los alfabetos griego y hebreo sirvieron para operaciones matemáticas y sus valores numéricos dieron lugar en la Antigüedad grecorromana, en la cabalística y en la magia medieval (gematría) a una infinidad de interpretaciones basadas en el simbolismo de los números, operando por lo general en combinación con el procedimiento de suma de cifras. Desde los comienzos de la numerología desempeñó gran papel la combinación de las cifras aritméticas con determinadas figuras geométricas, con la invención de los números figurados o poligonales, a su vez vinculada con los cuadrados mágicos. Es de notar que la numerología de los tiempos modernos ha querido trasladar todas estas nociones al terreno esotérico mediante especulaciones por lo general no justificadas.

OBELISCO. Pilar muy alto, de cuatro caras iguales que van adelgazando de abajo arriba, y terminado en un remate piramidal. Era en Egipto, sobre todo durante las Dinastías XVIII y XIX, símbolo del culto a la divinidad solar; su extremo era lo primero que iluminaban los rayos de la aurora. Por su forma que apunta con énfasis en un sentido determinado, representa la unión entre la tierra y los cielos o el Sol. – Los antiguos egipcios solían erigir un par de obeliscos a las entradas de los templos. Hasta la fecha se conservan unos 30 obeliscos en pie, o restablecidos, de ellos unos 14 en Roma (después de purificarlos mediante exorcismos y colocar una cruz en el remate); en Egipto sólo quedan de pie 5 obeliscos. – En el Renacimiento se construyeron muchas imitaciones, convertidos en elementos arquitectónicos ornamentales, y todavía hoy se erigen a veces con carácter monumental.

OCHO. El primer cubo, $2^3 = 2 \times 2 \times 2 = 8$. Según Aristóteles y Pitágoras el número alcanza su perfección con la tercera potencia: $3^3 = 3 \times 3 \times 3 = 27$. En las interpretaciones paleocristianas dicha perfecci ón se refleja en el octógono de la pila bautismal así como en la planta octogonal del baptisterio como expresión de lo femenino, del seno de la Iglesia, y simboliza la resurrección de Cristo. El 8 es además la cifra del elemento tierra, tal como el 27 lo es del elemento fuego. La Circuncisión tuvo lugar el 8.º día después de la Natividad. – El hinduismo y el budismo asignan al ocho un papel relevante; suele ser el número de los radios de la rueda budista (rueda), el de los pétalos de la flor simbólica de loto (loto) y el de los caminos que conducen a la perfección espiritual. El dios hindú Visnú tiene 8 brazos relacionados con los 8 centinelas del espacio. – En Japón el 8 representa además la magnitud que no se puede medir ni contar.

Como producto de 3 (fuego) x 3 (fuego) x 2 (tierra) = 18 es la cifra del elemento aire; posiblemente simboliza también un ciclo astronómico, ya que indica (en años) el periodo que tarda en repetirse idénticamente la secuencia de los eclipses de Sol y de Luna. Es uno de los números perfectos, es decir iguales a la suma de todos sus divisores enteros: 1 + 2 + 4 + 7 + 14 = 28; además el número lunar por antonomasia, al recorrerse las 4 fases en 28 días; 4 x 7 = 28 desempeñó gran papel en el mitraísmo y en todos los sistemas que tuvieron caracterizado el 7. De acuerdo con la tradición islámica fueron 28 los profetas antecesores de Mahoma.

OCTÁGONO. El polígono regular de ocho lados, utilizado por los constructores del gótico como sistema de proporciones para trazar la planta de torres y columnas, conteniendo además alusiones simbólicas de universalidad y perfección.

OJO. En tanto que órgano principal de la percepción sensorial guarda estrecha relación simbólica con la luz, el Sol, el espíritu. Su imagen remite a la contemplación espiritual, pero también –en tanto que «espejo del alma»– es instrumento de la expresión psíquica y espiritual. A veces se ha puesto el ojo derecho en correspondencia con la actividad, el porvenir y el Sol, el izquierdo con la pasividad, el pasado y la Luna. – El budismo reconoce un tercer ojo como símbolo de la contemplación interior. – En la Antigüedad el ojo era símbolo habitual de la divinidad solar. Un amuleto muy usado en Egipto fue el Udjat, que representa el ojo de halcón (de Horus, dios de los cielos) sobre un cetro en forma de báculo. El ojo significa visión y omnisciencia, el cetro es el poder del soberano; en conjunto el amuleto debía garantizar invulnerabilidad y fecundidad perpetua a su propietario. En la Biblia el ojo simboliza la omnisciencia, la vigilancia y la ubicuidad protectora de Dios; el arte cristiano significa la presencia de Dios mediante un ojo rodeado de rayos solares; un ojo en la mano de Dios es la sabiduría creadora; el ojo dentro de un triángulo (creación del periodo barroco) es Dios Padre en la Trinidad. Los ojos en las alas de los serafines y querubines indican la facultad de verlo y comprenderlo todo. – Desde tiempos muy antiguos se atribuye a las figuraciones del ojo virtud apotropaica.

OLIVO. Por ser uno de los más antiguos vegetales de utilidad económica, reviste un abundante simbolismo. En Grecia estuvo consagrado a Atenea y simbolizó la energía espiritual y la luz del conocimiento (porque proporcionaba el aceite para las lámparas), la purificación (por el poder depurativo del aceite), la fecundidad y la longevidad (es árbol muy resistente y capaz de vivir varios siglos), la victoria y también la paz y la reconciliación (por el efecto calmante de su aceite). En relación con la rama de olivo que llevaba en el pico a su regreso la paloma enviada por Noé desde el arca, en el cristianismo el olivo y sus ramas son signos de la reconciliación con Dios y de la paz.

OM. Sílaba sagrada de la meditación en el hinduismo, el budismo y el jainismo (fonéticamente: *aum*), que la consideran inmarcesible e inagotable, y la toman por expresión simbólica del espíritu creador, de la palabra, o (con referencia a los tres sonidos que la componen) de los tres estados del hombre: vigilia, sueño onírico y sueño profundo; de las tres partes del día: mañana, mediodía y tarde; de las tres cualidades: saber, querer y poder, etc.

OMBLIGO. Según los mitos de distintos pueblos, símbolo del centro del mundo, es decir del lugar desde donde se inició la Creación. Era célebre el Omphalos de Delfos, un bloque cilíndrico de piedra que era símbolo, al mismo tiempo, de la unión entre los dioses, los hombres y el reino de los muertos. – El ombligo del cielo se identificó, en ocasiones, con la estrella polar, alrededor de la cual parece girar la bóveda celeste. – La contemplación del ombligo como procedimiento de meditación sobre principios fundamentales cósmicos y humanos se halla tanto en el yoga hindú como en la Iglesia oriental.

OMEGA. Última letra del alfabeto griego y, sobre todo para los cristianos, símbolo del fin del mundo, de la consumación de los tiempos.

ORBE. Una de las insignias imperiales, esfera culminada por una cruz simbolizando el poder del soberano cristiano.

OREJA. Representa el oído, la comunicación y también la obediencia; es órgano de la percepción como el ojo, pero interpretada como oído espiritual también puede simbolizar la inspiración; la facultad de «oír» espiritualmente precede a la «visión» espiritual. – En la Antigüedad se creyó que la oreja era la sede de la memoria; el tirón de oreja, práctica admitida ante los tribunales durante la Edad Media, era un recordatorio para el testigo y le intimaba a declarar la verdad. – El pabellón auditivo largo y ancho se consideraba, por ejemplo en China, como signo de buen juicio y capacidad de discernimiento, y también como anuncio de longevidad. – En África la oreja cobra una significación sexual; la forma externa del órgano se considera fálica y la presencia de un conducto evoca la vagina.

Mosaico dedicado a Orfeo, Museo arqueológico regional de Palermo.

ORFEO. Este personaje de la mitología griega simboliza al músico por antonomasia; con frecuencia ha sido parangonado al rey David de la Biblia (que tocaba el arpa); en el arte paleocristiano suele representar a Cristo.

ORLA DEL VESTIDO. Tuvo significación simbólica especialmente en el Próximo Oriente; rozar con la mano o besar la orla del vestido eran gestos de respeto o de sumisión. – Por el contrario, entre algunos pueblos el arrancar o cortar la orla era castigo infamante o, cuando menos, expresión simbólica de que el castigado quedaba a merced de su demandante (a veces unida a otro castigo de parecido significado simbólico, como cortarle los cabellos).

ORO. Considerado en todo tiempo el más noble de los metales, es dúctil, maleable, brillante, y resiste el ataque de la mayoría de los ácidos, por lo cual representó lo inalterable, lo eterno, lo perfecto. Por su color se ha identificado casi siempre con el Sol o con el fuego, motivo por el cual suele simbolizar también el conocimiento, sobre todo el esotérico. En la simbología del cristianismo también representa la más alta de las virtudes, la del amor al prójimo. – El fondo de oro en las pinturas medievales sobre tabla siempre simboliza la luz divina. – También son comunes las nociones alrededor del oro como secreto más íntimo y sagrado de la tierra. – El intento de fabricar oro por parte de los alquimistas, relacionado con la búsqueda de la piedra filosofal, se interpreta como purificación espiritual (el oro es símbolo del alma). – Las connotaciones negativas, desde el punto de vista moral, se fijan en la función del oro como bien material que simboliza todos los demás (sinónimo de dinero), y por tanto representa el excesivo apego a las cosas de este mundo, o la avaricia.

ORQUÍDEA. Las orquidáceas son una familia muy extendida sobre todo en las regiones de clima húmedo y cálido; muchas de ellas tienen bulbos cuya forma recuerda la de los testículos (*orchis* significa testículos en griego), en razón de lo cual fueron tenidas antiguamente por afrodisíacas y símbolo de la fecundidad; se creía que eran el alimento favorito de los sátiros (satirión se llama una orquidácea europea de hojas manchadas), fueron empleadas para filtros amorosos y se les atribuyó virtud protectora contra las enfermedades y el mal de ojo, además de traer fortuna y suerte en el juego. – Los chinos lucían orquídeas en sus fiestas de primavera para ahuyentar los malos espíritus. – La orquídea de hojas manchadas estuvo consagrada a Freya; más adelante se tomó por símbolo mariano.

OSO. Fue objeto de un culto importante en tiempos prehistóricos según revelan los yacimientos de huesos y las figuras rupestres. Los pueblos nórdicos vieron en el oso rasgos humanos y carácter de mediador entre los cielos y la tierra; en algunas tribus se le veneró como antepasado del género humano. – En esta tradición nórdica el rey de los animales no es el león sino el oso, entre los celtas más especialmente protector de los guerreros. En Siberia y Alaska lo vin-

Gustave Doré, *Algunos niños son destruidos por los osos*, grabado de 1866.

culaban con la Luna, porque es animal que hiberna y como aquélla, «aparece» y «desaparece». – En las artes medievales simbolizó por su letargo invernal la vejez y la muerte de los humanos; En China símbolo de lo masculino y vinculado al principio yang (yin y yang). Para los alquimistas representaba la oscuridad y el misterio de la materia primordial. – En la mitología griega es encarnación o acompañante de Artemis. – En la simbología cristiana predomina el rasgo de fiera peligrosa, en ocasiones imagen del demonio, y otras veces de la gula y los vicios en general. Lo que no quita que la osa simbolizara el parto virginal, por la creencia de que los oseznos no cobraban forma hasta que los lamía la madre. – C.G. Jung ha visto en el oso la figuración de los aspectos temibles del inconsciente.

PÁJAROS. Desde la Antigüedad las aves se hallan emparentadas con el cielo; son mediadoras entre los cielos y la tierra, por consiguiente personifican lo inmaterial, con frecuencia el alma. – El taoísmo imagina a los inmortales en figura de pájaros. – Estuvo muy extendida la creencia de que el alma, al abandonar el cuerpo del difunto, echaba a volar tomando figura de pájaro. – De ellos derivan asimismo los numerosos seres celestiales de muchas religiones, en figura de pájaro o por lo menos dotados de alas, como los ángeles y los amorcillos. – El Corán los menciona vinculándolos con el destino y con la inmortalidad. – En diversas mitologías occidentales y también de la India, el árbol del mundo está poblado de unos pájaros que son mediadores espirituales, o ánimas de difuntos; los Upanishad mencionan concretamente a dos: el uno come de los frutos del árbol y simboliza el alma activa del individuo; el otro no come sino que sólo mira, símbolo del espíritu absoluto y del conocimiento puro. – La idea de una relación entre los poderes celestiales y los pájaros se detecta asimismo en la significación que se quiso hallar en

Jinete y aves, cálix
laconio h. 540 a.C.

sus vuelos, por ejemplo entre los romanos. – En África suele simbolizar la energía vital, especialmente en combate contra la serpiente,
representando ésta la muerte u otras potencias maléficas. – En el
arte cristiano primitivo son símbolos de las almas que se han sal-
vado. – La interpretación psicoanalítica los considera símbolo de la
persona del que sueña.

PALMERA. Sobre todo, la datilera, que alcanza hasta 20 m de
altura, de tronco flexible que los vientos no quiebran; puede vivir
hasta 300 años. Entre los babilonios era el árbol de los dioses. – En
Egipto y en relación con el simbolismo del árbol de la vida, con frecuencia sirvió de modelo para la ornamentación de columnas. – Las
ramas de palmera se usaron desde la Antigüedad como símbolo de
la victoria, de la alegría y de la tregua en los juegos públicos. Los
griegos la consideraron árbol de la luz y la consagraron a Helios y
Apolo; su nombre griego, *phoenix*, apunta a una estrecha conexión
simbólica con el mítico pájaro. – Sus hojas siempre verdes simbo-

lizaron la vida eterna y la Resurrección en el arte cristiano, de ahí que aparezcan con frecuencia como atributos de los mártires. – C.G. Jung la considera como símbolo del alma, por la figura del árbol.

PALOMA. En Oriente Próximo estuvo vinculada a la diosa de la fecundidad Ishtar, y entre los fenicios al culto de su homóloga Astarté. Consagrada a la diosa Afrodita entre los griegos. En la India y en algunas tribus germánicas una paloma negra era guía de ánimas, pero también ave de la muerte y de mal agüero. – Es sagrada para los mahometanos porque protegió al Profeta en su huida. – En la Biblia, tres palomas fueron enviadas por Noé al término del Diluvio, una de las cuales regresó con una rama de olivo en el pico, desde entonces símbolo de la reconciliación con Dios y de la paz. – La paloma blanca representa además la inocencia y la pureza; en el arte cristiano, por otra parte, al Espíritu Santo, aunque en ocasiones aparece también como símbolo del cristiano bautizado o del mártir (con el laurel en el pico, o la corona del martirio), o del alma en estado de beatitud celestial (por ejemplo posada sobre el árbol de la vida, o sobre el recipiente que contiene el agua de vida). – De entre las virtudes cardinales, la paloma simboliza la templanza y la moderación). – Una pareja de palomas blancas es popular símbolo del amor. – Paloma eucarística es un tabernáculo que se cuelga sobre el altar, que puede tener forma de paloma con un recipiente para contener las Sagradas Formas; mencionada por primera vez en el s. VII.

PAN. Por ser uno de los alimentos físicos principales tiene una rica simbología, asimismo en relación con el alimento espiritual. Entre las ofrendas del Antiguo Testamento destacan los doce panes de la Proposición que simbolizan el pan de vida; en el Nuevo Testamento el «pan de vida que ha bajado de los cielos» es Cristo. En la Eucaristía el pan adquiere junto al vino la máxima trascendencia religiosa; en el arte paleocristiano se alude a dicho sacramento con la figura de cuatro panes que ostentan el dibujo de la Cruz.

PANTERA. Denominación corriente del leopardo negro; a diferencia del manchado, sin embargo, las connotaciones son menos feroces. La pantera fue atributo de Dioniso y símbolo de la procreación y del renacimiento, no sin algunos paralelismos con la hiedra; ambos símbolos eran de origen etrusco. Dice el *Physiologus* que la pantera, cuando ha comido, duerme tres días seguidos, tras lo cual exhala un perfume maravilloso que atrae irremisiblemente a los humanos. Atendiendo a todo ello simbolizaba a veces la sensualidad y la lujuria, y otras veces (por lo del despertar al tercer día) representaba la muerte y Resurrección de Cristo.

PAPAGAYO. Símbolo cristiano de la virginidad de María (porque se creía que el plumaje no se mojaba aunque lloviese); otra interpretación es que el papagayo aprende a decir «Ave» emulando el saludo del ángel.

PASTORES. En muchas culturas el pastor tuvo categoría de símbolo religioso, en tanto que figura paternal, previsora y protectora; Dios y el soberano fueron interpretados como pastores, con diversos

Adoración de los pastores, grabado de François Hubert.

matices. – Las insignias de los faraones egipcios derivaban del mundo pastoril. – Yahvé es el pastor del pueblo de Israel; Jesucristo es el Buen Pastor y esta figuración abunda más en el arte paleocristiano, a su vez inspirada en las representaciones mesopotámicas y griegas del pastor con el cordero sobre los hombros.

PATO. Empleado habitualmente para el sacrificio ritual en Egipto. – En el antiguo Oriente la pareja de patos simbolizaba la fidelidad conyugal (por la costumbre de nadar juntos, lo mismo que el martín pescador). No lo comenta el *Physiologus*, pero las representaciones más antiguas de patos en los portales de las iglesias cristianas simbolizan la garrulería de los parlanchines, que deben abstenerse de entrar en el templo.

PAVO REAL. Seguramente por su costumbre de hacer la rueda, en la India y otros lugares se le adjudicó simbolismo solar; es la cabalgadura de varias deidades, especialmente de Buda en el budismo. Con una serpiente en el pico representa la victoria de la luz sobre las tinieblas; algunos atribuyeron la belleza de su plumaje a la lenta asimilación del veneno ingerido en sus luchas con los reptiles. – La Antigüedad grecorromana lo consagró a Hera (Juno), sin duda por su belleza. – En la rueda del pavo real el islam ve una imagen del Universo, otras veces de la Luna llena o del Sol a mediodía. – En el cristianismo primitivo las imágenes del pavo real también remiten al simbolismo solar y además representan la inmortalidad (según Aristóteles la carne del pavo real es incorruptible, y san Agustín asegura haberlo comprobado) y las alegrías de la vida eterna. – Por contener todos los colores, la rueda del pavo real era símbolo de totalidad en la tradición esotérica. – En la simbología de la Edad Media es además la personificación de un pecado capital, la soberbia. – Por los espectaculares ritos nupciales del pavo real, incluso hoy sigue siendo símbolo de la vanidad satisfecha de sí misma.

PEGASO. En la mitología griega, el caballo alado que brotó del torso de la gorgona Medusa; de una coz de sus cascos nació la fuente Hipocrene, consagrada a las Musas, por lo que aquél pasó a figurar como símbolo de la creatividad espiritual, en particular la poética.

PELÍCANO. Esta ave según el *Physiologus* abandona a sus rebeldes polluelos (según otras versiones los devora la serpiente), pero los resucita al cabo de tres días con su propia sangre, para lo cual se abre el pecho así misma con el pico. Símbolo, por tanto, del amor paterno o materno que no ahorra sacrificios. En el arte y la literatura de la Edad Media el tema del infanticidio pasa a un segundo plano frente a la leyenda de que el pelícano alimenta a la progenie con su propia sangre, hasta el sacrificio de sí mismo, con lo que deviene símbolo muy difundido de la Pasión de Cristo. – En el lenguaje simbólico de los alquimistas el pelícano representaba la piedra filosofal, que se disuelve, es decir muere en cierto sentido, para que sea posible la transmutación del plomo en oro.

PENTAGRAMA. Estrella de los druidas, la de cinco puntas dibujada de un solo trazo, antiquísimo signo mágico. – Entre los pitagóricos simbolizaba la salud y el conocimiento. – Los gnósticos la representaron a menudo en las gemas con el abraxas. – En la Edad Media sirvió con frecuencia para conjurar los poderes diabólicos y los fantasmas nocturnos. – En tanto que forma cerrada sobre sí misma, en ocasiones también se utilizó para simbolizar a Cristo como alfa y omega, o representó las cinco llagas de Cristo.

PERAL. Árbol frutal cuya flor tiene un color blanco inmaculado; por ser muy efímera y delicada era símbolo de luto en China. – Símbolo mariano en la Edad Media, también por la pureza de su color, seguramente. – La pera, por cuanto recuerda vagamente las formas femeninas, reviste con frecuencia un simbolismo sexual en la interpretación psicoanalítica. – Según las creencias populares una cosecha abundante de peras era presagio de descendencia numerosa.

PERDIZ. Por las danzas que realiza durante el cortejo del periodo de celo, estuvo consagrada a Afrodita, lo mismo que la paloma; representada con frecuencia en las sepulturas etruscas. – El *Physiologus* dice que la perdiz incuba los huevos ajenos y luego, cuando los polluelos se van con sus padres verdaderos, se queda «a solas y como una tonta». Por eso compara a la perdiz con el Diablo, que se empeña en cazar las almas, a pesar de que luego éstas lo abandonan porque prefieren seguir la llamada de Cristo. Peregrino. En la simbología de varias religiones alude a la provisionalidad de la vida del hombre en este mundo, que no es sino un tránsito hacia la otra vida.

PERLA. El simbolismo es generalmente lunar, femenino; así en China estuvo vinculada a la Luna, al agua y a la mujer, por tanto al principio yin (yin y yang). Por su forma esférica y su brillo inimitable se ha considerado también símbolo de la perfección. – Por su dureza y durabilidad fue también símbolo de la inmortalidad, por ejemplo en China y la India. En aquélla la «perla en llamas» era símbolo solar y del valor más alto. – Entre los griegos representaba el amor, seguramente por su belleza. – En Persia la perla virgen era símbolo de las doncellas; además la mitología persa la ponía en relación con la ordenación primitiva de la materia a cargo del espíritu. – El simbolismo profundo y más extendido de la perla radica en el hecho de su misteriosa formación en el seno de un molusco, por ejemplo en las tinieblas de los fondos marinos; con ello viene a representar la criatura en gestación, y sobre todo la luz que germina en la oscuridad. Varios pueblos albergaron la creencia de que se formaba a partir de una semilla de luz, o una gota de rocío procedente del cielo o de la Luna; en especial los gnósticos y el cristianismo primitivo se fijaron en estas significaciones, que se aplicaron con frecuencia a Cristo como Logos nacido de la carne

(María). El *Physiologus* pone a la perla en relación con el ágata, y la fantasía popular suele compararlas con las lágrimas. – El collar de perlas es un símbolo de la unidad que se compone de un gran número de individualidades.

PERRO. Seguramente el animal doméstico más antiguo, desde los tiempos más remotos ha dado pie a un simbolismo complicado, muchas veces contradictorio. Muchas culturas lo relacionan con la muerte; el reino de los difuntos está guardado por un perro, o éste actúa como guía de las ánimas o mediador entre el mundo de éstas y el de los vivos (Anubis, Cerbero); también los dioses de carácter ambiguo, nocturnos y fatídicos, se manifiestan a veces en figura de perro, por ejemplo Hécate, la diosa griega de las encrucijadas. – Por atribuírsele sabiduría, muchas culturas (por ejemplo africanas) lo consideran el fundador de la civilización, el que reveló el fuego a los humanos; por la gran potencia sexual que se observó en él participa del simbolismo de los patriarcas y creadores de linajes. – Su fidelidad aún hoy proverbial le hizo muy difundido símbolo de dicha virtud y, por ejemplo en el Japón, socorredor mítico y protector sobre todo de mujeres y niños. – En sus aspectos negativos el perro representa la impureza, la lascivia y la ruindad (por ejemplo en el Antiguo Testamento y el islam, aunque éste le reconoce algunas cualidades positivas); el epíteto «perro» tiene carácter insultante en casi todas las culturas. En la Edad Media era un castigo deshonroso el ser obligado a llevar perro, y el ser ahorcado entre perros era un grado más de la pena. – Su valoración en el arte medieval es también ambivalente; puede simbolizar la envidia, la cólera y las tentaciones del Maligno, pero también la fe y la fidelidad. Un perro blanco suele significar la bondad y la devoción de la persona a cuyos pies está echado; a veces simboliza un matrimonio feliz; en cambio un perro feo y, sobre todo, de color oscuro, viene a representar la impiedad o la idolatría. – El Perro es el signo undécimo del Zodiaco chino y corresponde a nuestro Acuario.

p

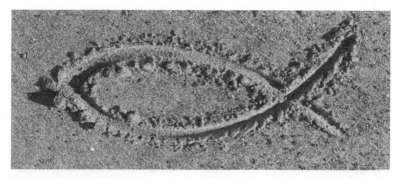

El pez no sólo es un símbolo paleocristiano, sino que fue una especie de «santo y seña» de los primeros iniciados.

PEZ. Simbólicamente próximo al agua, su medio vital. En muchos pueblos simboliza al mismo tiempo la fecundidad y la muerte. Como símbolo de vida y de fecundidad es un talismán muy corriente. En el antiguo Egipto apenas hubo especie que no se considerase sagrada en una época u otra; al mismo tiempo parecieron temibles y amenazadores. – Fue uno de los más antiguos símbolos de reconocimiento entre cristianos, seguramente por alusión al bautismo, aunque luego se inventó el acróstico *ichthys* (pez, en griego) con las iniciales de Jesous Christos Theou (H)Yios Soter (Jesucristo hijo de Dios nuestro Salvador). Así los cristianos bautizados se veían como peces renacidos en las aguas del bautismo; además el pez revestía significado de alimento espiritual, y representado junto con el pan puede simbolizar la Eucaristía. – Los Peces o Piscis es el duodécimo y último signo del Zodiaco; corresponde al tercer mes del invierno y el Sol pasa por la constelación entre el 18 de febrero y el 20 de marzo, hallándose Venus exaltada en Piscis. En él tiene su casa Júpiter (o Neptuno); en la astrología helenística las décadas correspondientes son Saturno, Júpiter y Marte; en la India, Júpiter, la Luna y Marte. Es signo de agua, femenino, negativo (pasivo) y móvil. Tanto la representación como el nombre se retrotraen a fuentes babilónicas; en especial estos textos aluden a la unión entre estos elementos.

PHYSIOLOGUS. Un tratado griego, probablemente elaborado en Alejandría entre los años 150 y 200 d. de C., de cuyo texto hay numerosas variantes; en principio tenía 48 capítulos con aforismos o breves artículos acerca de las características de los animales, las plantas y los minerales. Casi todos ellos empiezan por las palabras «el *Physiologus* dice...» y concluyen con la expresión «como bien ha dicho el *Physiologus* de...», a lo que sigue una interpretación cristiana corroborada mediante citas bíblicas. Es característica la elección de los rasgos «científicos» en función de esa explicación alegórico-r eligiosa basada en la versión griega del Nuevo Testamento y la traducción al griego del Antiguo (Septuaginta). El original se ha perdido; hay versiones etíopes, siríacas, arábigas y, a partir del s. V, una traducción latina de la que derivan los llamados bestiarios de la Edad Media, españoles, ingleses y franceses. Del *Physiologus* deriva gran número de nociones de la simbología cristiana relativa a los animales.

PIE. En animales y humanos es la parte del organismo más vinculada a la tierra; como órgano deambulatorio simboliza el «progreso» en relación significativa con la voluntad; así, por ejemplo, en el uso consuetudinario y legal quien puso los pies sobre algo tomó posesión con dicho acto; desde la Antigüedad más remota el pie puesto sobre el enemigo vencido señalaba la total sumisión de éste. – Ya los romanos consideraban de buen augurio el levantarse o el entrar en un lugar con el pie derecho, y mal presagio el hacerlo con el izquierdo. – Los pies descalzos muchas veces quieren expresar humildad (por ejemplo al entrar en la mezquita u otro santuario); en las órdenes monásticas son emblema del voto de pobreza. – A los seres diabólicos se les representa a menudo con pies de animales, por ejemplo el Demonio con pata de cabrito o pezuña de caballo, los gnomos o las diablesas con pata de oca o de ganso. – El besar los pies (de un superior) era signo de extrema sumisión y pleitesía atendido sobre todo lo «bajo» de tal miembro. – El lavar los pies, gesto de hospita-

P

lidad en Oriente, es expresión de humildad y amor al prójimo (en particular cuando lo lleva a cabo un superior), y ceremonia habitual del Jueves Santo católico, recordando el realizado por Jesús con sus discípulos. – En la teoría psicoanalítica el pie adquiere a menudo un significado fálico, correspondiendo al zapato la representación simbólica de la vulva; parecida interpretación tienen los pies desnudos en diversos rituales de fecundidad o de celebración de la pubertad.

PIEDRA FILOSOFAL. *Lapis philosopharum*, en la alquimia, una de las sustancias supuestamente obtenibles a partir de la materia prima mediante laboriosos procesos, y que haría posible la transmutación de los metales vulgares en metales nobles, aparte sus efectos como panacea y elixir rejuvenecedor. En dichos procesos desempeñaban un papel fundamental la separación y la reunificación de los principios contrarios, sobre todo el de lo masculino y lo femenino, por cuyo motivo la piedra filosofal se designa a veces como el hermafrodita. En principio todos los intentos de hallar la piedra filosofal deben interpretarse además como actos simbólicos que van de consuno con determinadas intenciones psicológicas y religiosas: la materia prima, caracterizada como amorfa, se descompone en sus elementos constituyentes a través de una espe cie de muerte, y renace en un plano más elevado como piedra filosofal – Según C.G. Jung estos procesos describen el proceso de formación de la psiquis individual.

PILA BAUTISMAL.

Recipiente de piedra o de metal para la administración del bautismo y la conservación del agua bendita; a partir del s. VIII reemplazó gradualmente el bautizo por inmersión, que sin embargo no desapareció del todo, en la Iglesia católica, hasta el s. XV. Tiene por lo general forma de caldero, cáliz o tinaja, y suele estar decorado con figuras y motivos ornamentales.

PINO. En la Antigüedad *pinus* designaba a todas las coníferas, aunque el pino en sentido estricto era símbolo de fecundidad, sin duda por el incesante rebrote de nuevas piñas; las del piñonero y algunas veces también las del pino de Alepo cuya resina se utilizaba como conservante de los vinos, se emplearon como motivos ornamentales desde tiempos asiriobabilónicos. Ornamento funerario y de fuentes en tanto que símbolo de la fecundidad, la piña corona también el tirso, emblema de Dioniso y sus seguidores. – Por ser de hoja perenne, y por la incorruptibilidad de su resina, simbolizó la inmortalidad para los chinos y los japoneses; en el Japón, además, por su resistencia a los vientos ya las intemperies representó la energía vital y el carácter de la persona que resiste incólume las contrariedades de la vida. Dos pinos son símbolo de amor y de fidelidad conyugal. – En el simbolismo cristiano guarda relación con la idea del árbol de la vida (árbol), cuya copa suele representar la de un pino.

PIRÁMIDE. Como el obelisco, la pirámide, en tanto que construcción funeraria y monumental característica de los faraones de los Imperios antiguo y medio, ha devenido emblema de Egipto e incluso de

p

la misma África. – Algunos relacionaron las pirámides con la historia bíblica de Moisés en Egipto y creyeron que eran graneros, por lo que se convirtieron en símbolo de riqueza. – En el esoterismo las pirámides representan la sabiduría oculta y en gran medida olvidada de los antiguos egipcios, acerca de la cual nada concreto puede decirse.

PLATA. Por su brillo y el color blanco simboliza la pureza; desde los sumerios pasando por los griegos y hasta la alquimia de finales del Medioevo, se vinculó a la Luna y por consiguiente al principio femenino (en contraposición con el oro, solar y masculino). – Según la mitología egipcia eran de plata los huesos de los dioses, y sus carnes de oro. – En el lenguaje simbólico del cristianismo la plata, que se obtiene por refino, representa el alma, que debe someterse a un proceso similar de purificación. Los salmos comparan con la plata la palabra del Señor; también María en tanto que virgen sin tacha ha sido objeto de parecida comparación.

POLAR, ESTRELLA. La estrella alrededor de la cual gira aparentemente la bóveda celeste; en razón de lo cual estaba considerada como el centro del Cosmos, el ombligo del mundo, la puerta de los cielos, el eje de la rueda cósmica o la cúspide de la montaña del mundo.

PUENTE. Obra que une aquello que estaba separado, de donde resulta un amplio simbolismo sobre los temas de la unificación y la mediación. En muchos pueblos hallamos la noción de un puente que une los cielos con la tierra, a menudo identificado con el arco iris; es además el camino por donde habrán de pasar las almas de los difuntos. Según el islam, por ejemplo, dicho puente es más estrecho que un cabello y más liso que la hoja de una espada, de manera que los réprobos van cayendo al infierno, mientras los elegidos tardan más o menos en acceder al Paraíso, con arreglo a los méritos que hubiesen contraído.

PUERTA. Como el puente, es símbolo de una transición, del paso de un dominio a otro, por ejemplo de este mundo al Más Allá, o de la vida secular a la religiosa. Es muy habitual la noción de una puerta de los cielos o una puerta del Sol que franquean la entrada a determinados reinos que no son de este mundo, quizá divinos, aunque también al mundo subterráneo; al reino de los difuntos se entra por unas grandes puertas según las concepciones de muchos pueblos. – La puerta cerrada muchas veces remite a un secreto oculto, a una prohibición, a un empeño vano; la puerta abierta invita a traspasarla, o significa un secreto que se revela. – Las representaciones de Cristo en las puertas medievales, por ejemplo en los tímpanos, suelen aludir a la conocida palabra de Jesús «yo soy la puerta»; en cambio las figuraciones de María suelen apoyarse en la interpretación simbólica de María como puerta del cielo, ya que por ella entró el Hijo en el mundo.

PULGAR. El dedo de la mano que al oponerse a los demás confiere la facultad prensil; es atributo de la capacidad creadora, de la virilidad, de ahí la ocasional interpretación como símbolo fálico.

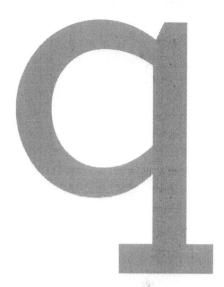

QUERUBÍN. Cherub, plural Cherubim, seres mixtos de apariencia medio animal, medio humana, y orden de las jerarquías espirituales superiores, muy prodigados en las iconografías del Próximo Oriente. En el Antiguo Testamento son, al igual que los serafines, unos seres espirituales que acompañan a Yahvé, y centinelas del paraíso, portadores del trono divino y guardianes del arca de la Alianza, entre otras funciones. El arte cristiano suele representarlos con varios pares de alas y recubiertos de ojos, símbolos de ubicuidad y omnisciencia; con frecuencia tetramorfos o con una cabeza y 4 o 6 alas; su atributo es una o varias ruedas.

QUIMERA. Ser mixto de la mitología griega, que escupe fuego, y representado a menudo con cabeza de león, cuerpo de cabra y cola de dragón o serpiente, a veces con las cabezas de todos estos seres además.

Una quimera, pintura atribuida a Jacopo Ligozzi.

Da pie a diversas interpretaciones simbólicas, todas ellas relacionadas con lo oscuro, lo indisciplinado y propio de las bajas pasiones.
La Quimera fue muerta por Belerofonte a lomos del caballo alado
Pegaso (de evidentes concomitancias con san Jorge el matador del
dragón). – En el lenguaje corriente de hoy quimera significa una elu-
cubración de la fantasía sin mucho contenido real.

QUITASOL. A veces simboliza la bóveda celeste; en la Antigüedad, sostenido por sirvientes, era atributo del soberano, por lo que
representó el poder y la autoridad; en China y la India se ven imágenes de quitasoles de varios «pisos» para expresar el número de las
jerarquías celestiales.

RABO. Ocasional símbolo sexual de utilidad eufemística; por ejemplo en el arte románico los leones con rabo frecuentemente ornamentado.

RAMAS. Sobre todo las ramas verdes (y algunas veces una rama dorada) simbolizan los honores, la fama y la inmortalidad. En las costumbres populares las ramas de diversas especies arbóreas y arbustivas se consideraron protectoras o portadoras de buena suerte, por ejemplo el cerezo, el olivo, la palmera, el sauce.

RANA. Por su estrecha relación con el agua y sobre todo con la lluvia, con frecuencia se le asigna simbolismo lunar; los chinos la vinculan al principio yin (yin y yang). Por analogía con la alternancia faisán/serpiente, los chinos desarrollaron también la noción de las estaciones regidas por el predominio de la rana o de la codorniz. – Era de buen agüero para los japoneses. – Para los indios una gran rana era el soporte del universo; al mismo tiempo veían en ella un símbolo de lo oscuro y material de la vida, o de la Madre Tierra considerada en un sentido positivo. En la antigua Mesopotamia simbolizaba la fecundidad. – Según la Biblia es animal impuro. – En Egipto hubo una divinidad con cabeza de rana que auxiliaba a las parturientas y concedía la longevidad o la inmortalidad; fundamentalmente la rana simbolizó allí la resurrección, lo cual se explica en parte por sus metamorfosis, o por la creencia de que todas las primaveras nacía del fango del Nilo. – Para los padres de la Iglesia fue símbolo diabólico, o también de los herejes (por el croar incesante). – El *Physiologus* distingue ranas de tierra y ranas de agua; las primeras se asemejan a los buenos creyentes porque soportan el ardor de las tentaciones; en cambio los pecadores se comparan a las ranas acuáticas porque prefieren arrojarse al pantano de los vicios apenas notan los calores de la tentación o del deseo. – En la superstición medieval fue atributo de las brujas, que utilizaban los huesos de ancas de rana para componer filtros amorosos.

RATA. En Asia es frecuente su consideración como animal de la suerte; entre los japoneses, acompaña al dios de la riqueza; en China y en Siberia, la ausencia de ratas en la casa y el huerto era signo preocupante. – En la mitología hindú la rata es cabalgadura del dios elefante Ganesha. – En Europa, por el contrario, las creencias populares consideran a la rata como personificación de las enfermedades, la brujería, los demonios y los duendes. No obstante, si las ratas abandonan la casa o el barco también se considera de mal presagio (aunque con bastante fundamento racional; el suceso indica agotamiento de las despensas o inminencia de alguna otra calamidad). – La Rata es el primer signo del Zodiaco chino y equivale a nuestro Aries.

RAYO. En muchas culturas, símbolo o expresión del poder divino, que se manifiesta terrible o creador. El rayo, o el relámpago, con el trueno, en numerosas mitologías suelen ser atributos del dios máximo (Zeus, Júpiter, Indra). – La Biblia lo relaciona con la cólera del Señor y con el juicio de Dios. – En la Antigüedad clásica, Zeus esgrime el rayo para castiga pero también para iluminar y fecundar. – Especialmente en Oriente abunda la correspondencia entre el rayo y el aguacero de las tormentas y su potencia fecundadora; a veces reviste simbología inequívocamente fálica. – En algunos países de Asia y Europa se practicaba la ofrenda de un cuenco de leche para aplacar al dios que así manifestaba su enfado.

RELOJ DE ARENA. Símbolo del tiempo que se nos escapa y de la brevedad de la vida (Cronos). Como hay que darle la vuelta cuando ha colado toda la arena, ocasionalmente simboliza también los finales seguidos de nuevos comienzos, los fenómenos cíclicos, las épocas, o los influjos cambiantes de los cielos sobre la tierra o viceversa. – Entre las cuatro virtudes cardinales, el reloj de arena es el atributo de la templanza.

RENO. Frecuentemente representado en el arte prehistórico rupestre, sin duda con fines de culto, en las regiones nórdicas de Eurasia tiene destacado papel simbólico; está vinculado con la Luna y próximo a la noche y al reino de los difuntos, habiéndosele atribuido funciones de guía de las ánimas.

REY. O emperador; césar; etc., interpretados a menudo como encarnación de la divinidad, del Sol, de los Cielos, centro del Cosmos, mediador entre los cielos, los humanos y la tierra. – Cuando aparece en los sueños el personaje de un rey ataviado a la antigua, por ejemplo como arquetipo, C.G. Jung interpreta que representa la sabiduría del inconsciente colectivo; como personaje de los cuentos populares, y sobre todo el pobre convertido en rey, significa la realización del yo entendida como meta. – En alquimia alude ocasionalmente a la materia prima.

RÍO. Con frecuencia recibieron culto por su relación con la fecundidad (empezando por los cultivos); por ejemplo entre los griegos y los romanos eran deidades locales y masculinas. – En estrecha correspondencia simbólica con el agua, su fluir incesante simboliza el tiempo y lo efímero, pero también la eterna renovación. – Todos desembocan en el mar, y esto recuerda la reunificación de la individualidad en el seno de lo absoluto, por ejemplo en el hinduismo y el budismo simboliza su absorción en el nirvana. – El río que desciende de la montaña se interpretó especialmente por el judaísmo como símbolo de la gracia divina; en esta religión, en la cristiana y también en la India tenemos el concepto de los ríos del Paraíso; en el arte cristiano éstos suelen nacer de una colina donde está Cristo o el Cordero, y simbolizan entonces los 4 evangelistas.

ROCA. Símbolo de la firmeza, de lo invariable. En la Biblia expresa la fuerza y la fidelidad de Dios como protector. La roca que manó agua en el desierto prefigura simbólicamente a Cristo como dispensador del agua de vida. También Pedro (sobrenombre de Simón tomado del griego *petros*, roca) se compara con una roca o piedra fundacional de la Iglesia. – En la pintura paisajística china la roca es lo

r

firme, lo vinculado al principio yang (yin y yang), cuya inmovilidad se contrapone al movimiento perpetuo del agua de la cascada, que simboliza el principio yin. – La piedra que según la leyenda griega debía llevar Sísifo ladera arriba, pero que se le caía siempre antes de alcanzar la cumbre, simboliza los empeños vanos y también la imposibilidad esencial de satisfacer los deseos de la vida humana.

ROJO. Color del fuego y de la sangre, también tiene un simbolismo ambivalente. En lo positivo es el color de la vida, del amor, del calor, de las pasiones que vivifican, de la fecundidad; en lo negativo, el de la guerra, el poder destructor del fuego, el derramamiento de sangre, el odio. – En la Antigüedad estuvo muy extendida la creencia en la magia protectora del rojo, de ahí la práctica de pintar con ese color los animales, los árboles o los objetos que se quisiera preservar contra influjos malignos, o para conferir fecundidad. En Egipto y en tanto que color del «desierto ardiente» era símbolo de «mal» y «destrucción»; los escribas utilizaban la tinta roja, por ejemplo, para escribir malas palabras en el papiro; aunque por ser el color de la corona del Bajo Egipto no carecía de connotaciones positivas. – Entre los romanos, las novias llevaban un velo de color rojo flamígero, el *flammeum*, obvio símbolo del amor y la fecundidad. Además y en tanto que símbolo de poder, para los romanos era el color del emperador, de la nobleza y de los generales. – El poder judicial también ha gustado revestirse de rojo; así por ejemplo en la Edad Media, cuando los verdugos llevaban túnica roja para indicar que eran señores de la vida y de la muerte (y sigue siendo, en muchos países, el color de la toga de los jueces, sobre todo los de los más altos tribunales). – Los cardenales llevan el rojo por alusión a la sangre de los mártires. – Pero también ostentan ese color Satán, el señor de los infiernos, y la prostituta Babilonia, lo cual expresa el poder devorador de los fuegos infernales, o el fuego de la pasión irrefrenada. – Entre los alquimistas se atribuyó el color rojo a la piedra filosofal, en señal de que ésta ostenta el signo de la luz solar. – En tanto que color llamativo

que reviste significados de nueva vida, nuevo comienzo, calor, etc.,
es asimismo el de las banderas revolucionarias.

ROMERO. Planta herbácea o arbustiva y aromática de las regiones mediterráneas, los romanos la quemaban ante los altares por
su buen olor. El folklore la destinó a numerosos usos medicinales
y para ahuyentar malos espíritus, en cuyo sentido tuvo presencia,
sobre todo, en los nacimientos, las bodas y los funerales. Es planta
robusta y siempre verde, por lo que se convirtió en símbolo tradicional del amor, de la fecundidad y de la fidelidad; también de la
inmortalidad por cuanto estuvo dedicada a los difuntos. – Las coronas nupciales se tejieron en ocasiones con romero antes de que se
generalizase el uso del mirto.

ROSA. Por su perfume y su belleza, pese a las espinas, es una de
las plantas simbólicas que hallamos con más frecuencia y revestida
de diversos significados. En Occidente su papel tiene una importancia comparable a la del loto en Asia. – En la Antigüedad estuvo
consagrada a Afrodita (Venus). La rosa roja se decía nacida de la
sangre de Adonis, y simbolizaba el amor y la amistad, la fecundidad y el respeto a los difuntos. De rosas era la corona de Dioniso
(Baco), lo cual emulaban los comensales de los banquetes porque se
le atribuía, lo mismo que a la violeta, la virtud de refrescar el cerebro
y evitar la embriaguez; además las coronas de rosas recordarían a
los bebedores la conveniencia de no soltar demasiado las lenguas.
En el cristianismo primitivo la rosa, combinada a menudo con la
cruz, siguió simbolizando la discreción; con el tiempo la simbología
cristiana fue añadiendo significados: la rosa roja recuerda las llagas
de Cristo y el cáliz que recogió la preciosa Sangre, de manera que
simboliza el renacimiento místico. – En la Edad Media la rosa fue
atributo de las doncellas y por tanto símbolo mariano, además de
representar el amor divino. – Las ventanas en rosa de las iglesias medievales responden además a estrechas relaciones simbólicas con el

círculo y la rueda, y sin duda también con el Sol como símbolo de Cristo. – En la alquimia, una rosa representada por lo general con siete pétalos expresa relaciones complejas, sean las de los 7 planetas con los metales correspondientes, o las distintas fases de las operaciones alquímicas.

ROSETÓN. Una forma peculiar de programa icónico medieval son algunos rosetones o ventanas circulares de la Alta Edad Media, por ejemplo el de la catedral de Lausana. El elemento determinante de su diseño es el 4, es decir la segunda potencia 2 x 2 o expresión perfecta de la cifra femenina 2 por mediación del cuadrado y el círculo, al que se subordinan el día y la noche, el Sol y la Luna, las estaciones y los meses del año, los ríos del paraíso y los seres mixtos, los elementos y los signos zodiacales, las técnicas mánticas y los vientos. El saber de una época y la visión que ésta tenía del mundo, reflejada en tantas enciclopedias de las postrimerías de la Antigüedad y el comienzo del Medioevo, quedan recogidos en una forma sinóptica; las esquematizaciones conceptuales de los códices ilustrados y de los tratados enciclopédicos, en particular el círculo de figuras, se utilizan así para divulgar las nociones básicas del primer cristianismo (según H. R. Hahnloser). Un gran dibujante francés del s. XIII, Villard de Honnecourt, proporcionó la representación idealizada del rosetón aludido, aunque alterando varios detalles importantes (otros responden al diseño de la rueda, como los de Chartres y Estrasburgo). La mutua interpenetración de cuadrados y círculos refleja la voluntad de indicar la interacción de lo finito con lo infinito que estas figuras simbolizan.

RUBÍ. Por su coloración intensa comparte en gran medida los simbolismos del rojo; desde la Edad Media se le han atribuido propiedades curativas.

RUEDA. Abarca los significados del círculo, los cuales modifica al aportar la noción de movimiento, que es creación y destrucción; además de este aspecto, la figura de los radios introduce otras referencias simbólicas. En casi todas las culturas aparece la rueda como símbolo solar, y todavía hoy en algunas celebraciones folklóricas del solsticio de invierno; el signo de la rueda con cuatro radios reviste ya dicho significado en diversas culturas neolíticas centroeuropeas. – También el motivo ornamental de la roseta, muy frecuente en el Oriente Medio, guarda sin duda relación con la simbología solar. – En el budismo la rueda es símbolo principal que representa las distintas formas del existir en demanda de redención, así como otras doctrinas de Buda (la «rueda de la vida» y la «rueda de la doctrina»). – Puede ser asimismo un símbolo del cosmos en conjunto, aludiendo particularmente a los diversos ciclos mediante los cuales aquél se renueva (por ejemplo la Rota Mundi de los rosacruces). – En estelas paleocristianas observamos la rueda como símbolo de Dios y de la eternidad. El libro de Daniel narra la visión de unas ruedas ardientes sobre la cabeza de Dios, el de Ezequiel la de unas ruedas llenas de ojos que giran y al mismo tiempo están inmóviles, lo cual expresa la omnipotencia de Dios. – También el Zodiaco se compara a menudo con una rueda. – C.G. Jung interpreta la «rueda» o rosetón central de las fachadas de las catedrales del Medioevo como símbolo de la diversidad dentro de la unidad, y forma particular de mandala.

RUEDA DE LA FORTUNA. Forma especial del símbolo de la rueda, en este caso subraya el aspecto de lo efímero, de la mutación constante. La Antigüedad conoció la figura de un efebo desnudo sobre dos ruedas aladas, que manifestaba la brevedad de la buena suerte y además simbolizaba el instante favorable o *kairos*. También pintaban sobre una rueda a la diosa de la suerte o del destino, *Tyché* o Fortuna. – En el Medioevo adquiere su forma canónica, la de una rueda a la que muchas veces da vueltas un personaje femenino, la Fortuna misma, y se agarran a aquélla varias personas o figuras alegóricas; todo ello para simbolizar la mudanza constante de las cosas, los altibajos de la suerte y, en ocasiones, el Juicio Final.

RUISEÑOR. Por su canto dulce y algo quejumbroso simbolizó el amor (sobre todo en Persia), pero también la nostalgia y el dolor de la ausencia. – En la Antigüedad se juzgaba de buen presagio el escuchar dicho canto. – La superstición popular veía en ellos ánimas condenadas o heraldos de una muerte dulce. – En la simbología cristiana expresan el anhelo de la felicidad celestial.

SAGITARIO. Es el noveno signo del Zodiaco y corresponde al último mes del otoño; el Sol transita el signo entre el 22 de noviembre y el 20 de diciembre; en él tiene Júpiter su casa y Mercurio, la Luna y Saturno son los decanes que le asigna la astrología helenística (Júpiter, Marte y el Sol según los indios). Es signo de fuego, masculino, positivo (activo) y móvil. El nombre y la figura de un arquero para la constelación se retrotraen claramente a las figuras babilónicas de un centauro alado y provisto de arco y flechas, tal como solía esculpirse en los mojones fronterizos (kudurru).

SAL. Indispensable para la subsistencia humana, en la Antigüedad fue objeto de un activo comercio y alcanzó, en ocasiones, cotizaciones elevadas. Simbolizó la energía vital y se creyó que era capaz de ahuyentar las desgracias. Como se obtiene las más de las veces por evaporación del agua, representó también la vinculación entre ésta y el fuego. En otro orden de cosas el grano de sal que se disuelve en el océano simboliza la absorción de la personalidad individual en el seno de lo Absoluto. Por ser tan necesaria y por su propiedad de sazonar y purificar, su incorruptibilidad y poder de conservación, así como su aspecto transparente y limpio, es símbolo muy difundido de virtudes morales y espirituales. Cristo, en el sermón de la Montaña, dijo que los discípulos eran «la sal de la tierra»; en otro pasaje bíblico dice que los apóstoles y los cristianos deben pasar por la sal del martirio para alcanzar la vida eterna. – En el Japón tuvo frecuente uso ritual como símbolo de limpieza interior y protección, por cuyo motivo se usaba para purificar los umbrales de las puertas, los brocales de los pozos, los suelos después de las ceremonias funerales, etc., y todavía hoy algunos japoneses mantienen la costumbre de echar sal en el suelo de la casa cuando ha salido de ella alguna persona desagradable. – Con alusión particular a su poder sazonador representa el ingenio en el hablar, por ejemplo «la sal ática». – Entre los pueblos semitas y los griegos estuvo especialmente vinculada al pan como símbolo de amistad y de hospitalidad; «el pan y la sal» todavía significan el alimento por antonomasia, o lo más imprescindible. En sentido negativo, la Biblia o los místicos recuerdan el poder destructivo de aquélla y sobre todo el desierto de sal como lugar de desolación y condenación; los romanos araron las tierras de Cartago y las sembraron con sal para que no pudiese renacer jamás la ciudad enemiga. – En la alquimia es uno de los elementos filosofales, con el azufre y el mercurio; representa lo firme y lo corporal.

SALVIA. Labiada de hojas aromáticas, con múltiples aplicaciones medicinales, de ahí su empleo como atributo de María en el arte cristiano de la Edad Media.

SAPO. Como animal que gusta de vivir en lugares oscuros y húmedos, en China lo vincularon al principio yin (yin y yang), a la Luna, a la fecundidad y a las riquezas. – Muchas culturas lo relacionaron, como a la rana, con la lluvia y las ceremonias necesarias para invocarla. – En Occidente se intuye un posible simbolismo solar primitivo que luego fue tomando carácter ambivalente; en lo positivo era espíritu doméstico y protector, y ayudaba a las parturientas (la matriz se comparaba antiguamente con la forma de un sapo); en lo negativo, venenoso y compañero de las brujas, a menudo en contraposición con el simbolismo más bien positivo de la rana. – Vinculado en Egipto (El Fayun) a los muertos, tal vez por sus costumbres subterráneas, fue reinterpretado por los coptos en sentido cristiano como símbolo de la «resurrección personal» (al igual que la rana, y seguramente debido a la metamorfosis del renacuajo en animal adulto). El arte cristiano lo utilizó como atributo de los pecados capitales lujuria y avaricia.

SÁTIRO. Es un ser mixto, de figura humana con orejas de animal, cuernos, rabo y pezuñas; forma parte del séquito de Dioniso.

SAUCE. En la Antigüedad se creyó que este árbol era estéril, por lo que todavía en la Edad Media lo hallamos representando la castidad; como se le pueden cortar muchas ramas para hacer mimbres y se renuevan continuamente, la Biblia lo compara con la sabiduría que jamás se agota. – En la superstición popular el sauce tiene la cualidad de absorber mágicamente las enfermedades; además es morada preferida de espíritus y brujas; las ramas de sauce bendecidas el Domingo de Ramos protegen contra los rayos, las intemperies y los influjos maléficos. – El sauce llorón por su figura que recuerda las lágrimas que caen fue símbolo frecuente del luto.

SELLO. Muy usado, sobre todo en el antiguo Oriente, como marca de propiedad, jurisdicción y soberanía. La Biblia y las escrituras cristianas los mencionan más o menos como a las monedas (dinero), para significar la obediencia debida a Dios. También se hallan bajo sello los secretos designios de la divinidad, por ejemplo en el Apocalipsis, hasta que el Cordero abre el libro de los siete sellos.

SEPULTURAS. Cuando son en forma de túmulo tal vez aluden simbólicamente a un monte sagrado; en cambio las urnas suelen presentar formas simbólicas (o totalmente realistas, como en el caso de las pirámides) que remiten a la noción de una habitación para el difunto (casa, templo, etc.). – Desde el punto de vista psicoanalítico la sepultura es el lugar de la muerte, pero también el del descanso, el recogimiento y la esperanza de la resurrección, lo cual evoca el doble carácter de la Gran Madre, protectora y al mismo tiempo terrible.

SERAFÍN. En hebreo *seraph*, la forma plural es *seraphim*; un ser de cuatro o seis alas, parecido al querubín. De las jerarquías angélicas superiores, el nombre significa «el ardiente»; en ocasiones tomó la figura de la «serpiente de fuego», cuyos simbolismos se emparentan con la luz, el fuego y los pájaros; personifica los poderes espirituales.

La misión de los serafines es vivir en eterna alabanza a Dios.

SERPIENTE. Extraordinaria su importancia como animal simbólico en casi todos los pueblos, en lo cual influyeron seguramente varios aspectos, como su especial situación en el reino animal (anda por el suelo pero no tiene patas, vive en madrigueras pero pone huevos como los pájaros), su aspecto frío, liso y reluciente en colores muchas veces vistosos, su mordedura venenosa, su veneno que también puede ser medicina, sus cambios periódicos de piel. Con frecuencia la hallamos caracterizada como ser ctónico, adversaria del hombre, pero también animal apotropaico, guardiana de recintos sagrados o del mundo subterráneo, guía de ánimas, símbolo sexual ambiguo (masculino por su forma fálica, femenino por su vientre que todo lo devora) y de la energía capaz de renovarse incesantemente (por sus cambios de piel). – En África fue objeto de diversos cultos considerándola un espíritu o una divinidad. – En todas las culturas mesoamericanas desempeñó gran papel la serpiente emplumada; en principio era una imagen de la lluvia y la vegetación, convertida luego en «la serpiente del cielo nocturno, revestida de plumas de quetzal», enfrentada a la «serpiente turquesa o del cielo diurno» y que unida a ésta simbolizaba todo el cosmos. – En China relacionaban a la serpiente con la tierra y con el agua, símbolo yin por lo tanto (yin y yang). – Por la mitología hindú conocemos las nagas, serpientes que actúan como mediadoras benévolas o funestas entre los dioses y los humanos, y en alguna medida relacionadas con el arco iris (tal como sucede también en otras culturas). La serpiente Kundalini, que imaginan enroscada en la base de la columna vertebral, es el asiento de la energía cósmica y un símbolo de vida y (considerada desde la perspectiva psicoanalítica) de la libido. – De Mesopotamia procede la versión más antigua que conocemos (finales del III milenio a. de C.) de una vara de Esculapio. – En el pensamiento simbólico de los egipcios la serpiente desempeñó un papel esencial y bastante complejo; así tuvieron por ejemplo varias diosas-serpientes, por ejemplo una diosa cobra, que era protectora del crecimiento de las plantas. La buena o la mala suerte dependía también de un «espíritu familiar» o doméstico frecuentemente representado en figura de serpiente; sin olvidar diversas serpientes míticas (aladas, con pies, con varias cabezas, etc.). El ureus, adorno capilar de los monarcas egipcios, representaba una divinidad de muchos nombres, encarnación del ojo del dios solar y que, según ciertas nociones mitológicas, se yergue en el Solo en la frente del dios para destruir a los enemigos con su aliento de fuego; en la frente de los faraones era símbolo protector y de soberanía. Pero también el enemigo principal del dios solar y del orden universal, Apofis, reviste figura de serpiente. En Egipto hallamos también por primera vez el símbolo del uroboros, la serpiente que se muerde la cola. – A ojos de los judíos predominaba el aspecto amenazador; el Antiguo Testamento la cuenta entre los animales impuros; es paradigma del pecado y del Diablo, la tentadora que engañó a nuestros primeros padres en el Paraíso; por otra parte vemos en ella un símbolo de la astucia y también de la inteligencia. Cuando el Señor quiso castigar la desobediencia de los israelitas enviándoles una plaga de serpientes aladas y venenosas, escuchando los ruegos de Moisés le mandó que hiciera una serpiente de bronce; los mordidos que volviesen los ojos hacia ésta se salvarían. Durante mucho tiempo los judíos veneraron esa serpiente de bronce, cuyo carácter salvífico han interpretado los autores cristianos como prefiguración de Cristo; las figuras de serpientes que tienen los báculos episcopales aluden a la serpiente de bronce bíblica, así como a la serpiente en general como símbolo de la inteligencia. También la Antigüedad grecorromana tuvo numerosas serpientes míticas y simbólicas, muchas veces desfiguradas por su conversión en seres mixtos (Equidna, Hidra, quimeras). En el culto de Asklepios (Esculapio), el dios de la medicina, figuran las serpientes por alusión al cambio de piel, como símbolo de la constante renovación de la vida por sí misma. En las casas romanas tenían a menudo serpientes que representaban los lares y demás genios protectores del hogar y la familia. – La serpiente de Midgard de la mitología nórdica es un reptil gigantesco y nefasto, que rodea la Tierra (Midgard, imaginada en forma de disco), expresando el peligro constante que amenaza el orden habitual del mundo; el cristianismo primitivo la comparó con el Leviatán. – El arte cristiano de la Edad Media prefiere subrayar, por lo general, el aspecto seductor de la serpiente del Paraíso, poniéndola siempre en relación con la mujer (a veces las serpientes aparecen representadas con cabeza y pechos de mujer), lo cual sugiere una especie de parentesco interno, o digamos espiritual, con la seducida Eva. – El *Physiologus* trata de la serpiente haciendo el comentario de las palabras de Mat. 10, 16, «sed astutos como las serpientes y cándidos como las palomas». – La Serpiente es el 6.º signo del Zodiaco chino, y equivale al signo de Virgo.

SÉSAMO. Planta cuyo valor económico fue conocido desde la Antigüedad; las flores tienen corola campaniforme y el fruto en cápsula ovoide contiene un aceite útil. A las semillas se les atribuyó en China y el antiguo Oriente la virtud de conferir longevidad y tonificar el espíritu. – La fórmula de Las mil y una noches que abría la cueva de los tesoros, «ábrete sésamo», tal vez si tiene algo que ver con esta planta, o con la circunstancia de que sea necesario abrir la cápsula para obtener las codiciadas semillas.

SETA. Simbolizaba la longevidad para los chinos (tal vez por su larga conservación una vez secas); prospera sólo bajo clima tranquilo y ordenado, por lo que simboliza también el buen gobierno. – En algunos países de África y en Siberia las tomaron también por símbolo del alma humana (renacida).

SIRENAS. En la mitología griega eran unos demonios con cuerpo de ave y cabeza de mujer, a veces también con pechos. Tenían su morada en los acantilados y estaban dotadas de sabiduría sobrenatural, así como de un canto que embrujaba los sentidos y que les servía para atraer a los marinos y devorarlos. Interpretadas con frecuencia como símbolo de los peligros de la navegación, o de las seducciones que acarrean riesgo mortal. Según el psicoanálisis también representan las tendencias obsesivas y autodestructivas. – En la Antigüedad hubo re interpretaciones positivas de las sirenas como cantoras del Eliseo relacionadas con la armonía de las esferas; por esta vinculación con el Más Allá suelen aparecer en los sarcófagos. – Durante la Edad Media, que les atribuyó cola de pescado, representaban las tentaciones del mundo y el demonio, por ejemplo en el *Physiologus*, que las asimila a los centauros. – Se representó como sirena a la Lorelei, ondina del Rin.

SIVA. Una de las deidades máximas del hinduismo, con Visnú y Brahma, derivado probablemente de una divinidad más antigua, anterior a los arios. Es el autor de la ilusión cósmica y el destructor del mundo. Se le representa a menudo en figura de rey danzante con numerosos brazos, serpientes, un collar de calaveras y un disco lunar como corona; reverenciado también en la figura del linga.

SOL. En el sistema geocéntrico de la astrología y la astronomía antiguas, era un planeta como otros; según el sistema heliocéntrico moderno, es la estrella fija más próxima a la Tierra y el centro del sistema planetario de ésta. La órbita aparente del Sol alrededor de la Tierra proporcionó desde las épocas más primitivas uno de los fundamentos del calendario, la medida del año. – En astrología el Sol y

la Luna son, simplemente, luminarias. – Es uno de los símbolos más importantes de todos los pueblos, divinizado por muchos; personificación visible de la luz, y por tanto de la más alta inteligencia cósmica, del calor, del fuego, del principio que infunde la vida; con su orto y su ocaso diarios prefigura simbólicamente todas las nociones acerca de la resurrección y el nuevo comienzo. Como el Sol alumbra a todos con una misma luz, que además permite reconocerlos, simboliza también la justicia. – Tuvo veneración especial en Egipto, donde se le consideró la encarnación del dios Re (a veces asociado o identificado a otros dioses, por ejemplo Amón, Chnum, etc.); tenía dos barcas solares para cruzar el cielo. Imágenes solares muy habituales son el escarabeo con la bola solar, y el disco solar, muchas veces alado, con la serpiente otras divinidades solares fueron Samash entre los babilonios; Helios entre los griegos (cuyo carro solar tiraban unos caballos); Sol entre los romanos, quienes prefirieron la advocación Sol invictus durante la época tardía del imperio.

Con muchísima frecuencia el culto solar estuvo vinculado al que se rendía al soberano, así entre los incas, los egipcios y en el Japón; tiene también divinidades cercanas, como Osiris o Apolo, aunque no sean exactamente dioses del Sol. – Los vedas dicen que Brahma o lo Absoluto es el Sol espiritual. – Los chinos le asignaron el principio masculino yang (y in y yang). – Platón considera el Sol como la representación visible del Bien. – En el cristianismo se compara al Redentor con el Sol, especialmente como Sol de justicia, tras haber ensayado los cristianos primitivos la aproximación a la noción de Sol invictus. – La contraposición Sol-Luna corresponde en casi todos los pueblos a la dualidad masculino-femenino, aunque pueden citarse excepciones (por ejemplo en Asia central; en idioma alemán «sol» es palabra de género femenino y «luna» es masculino). – En la alquimia el Sol corresponde al oro, llamado también «Sol de la Tierra». – En los países muy cálidos no es imposible que el Sol revista connotaciones negativas porque agosta y reseca, contrapuesto a la lluvia que fertiliza. – Algunas culturas amerindias tienen la noción de un Sol negro, que no es otro sino el que abandona nuestro mundo durante las noches para ir a alumbrar en otro lugar; simboliza la muerte y las desgracias, y suele aparecer, por ejemplo, sobre la espalda del dios de la muerte, o en figura de jaguar. – En la alquimia se llama Sol negro el símbolo de la materia prima. – También las artes plásticas y la literatura contemporáneas citan esta figura de un Sol negro, por lo general como símbolo de la angustia metafísica o de la melancolía.

SOMBRA. Por una parte, lo contrario de la luz; en este sentido es un aspecto del principio yin (yin y yang); por otro lado, la sombra viene a ser como un reflejo de los fenómenos físicos, hasta cierto punto inseparable de toda figura corpórea; de ahí que haya sido considerada a veces, por ejemplo en África, como una segunda naturaleza de todas las cosas y todos los seres, más o menos emparentada con la muerte. – En varios idiomas amerindios, alma y sombra se dicen igual. – Muchas concepciones de la vida en el Más Allá contemplan a los difuntos como sombras. Otras veces, en cambio, la identificación de la sombra con el alma subraya el aspecto de la energía vital; por consiguiente, los espectros que se aparecen en figura humana no tienen sombra, como tampoco las personas que han vendido su alma al diablo. – En tanto que figura «exangüe» y mera apariencia, la sombra se presenta también, desde un punto de vista filosófico, como símbolo de la vanidad de las cosas terrenales, según pretende el budismo, o del error en que caen quienes se fijan en las apariencias y no llegan a conocer la verdadera realidad, que es la de las Ideas, según el mito platónico de la caverna. C.G. Jung entiende por sombra el conjunto de los estratos inconscientes de la personalidad, que el proceso de individuación va apropiándose por etapas a fin de sublimarlos.

STUPA. Estupa, en sánscrito «calavera», edificio sagrado que deriva de los antiguos túmulos funerarios, y se erige solo o en medio de un patio chaitya; la forma canónica es: zócalo circular sobre el cual se alza un sagrario aproximadamente semiesférico (*anda* = el huevo), coronado por una especie de cajón (*harmika*) destinado a

contener las reliquias, y uno o varios tejados cada vez más pequeños *(chattra)*. Todo ello se rodea de una valla de piedra *(vedika*, en su origen eran de madera) con 4 puertas (torana). Los stupa más famosos y antiguos son los de Sarnath y Sanchi.

SUDOR. La superstición de diversos pueblos lo consideró portador de las energías vitales de la persona, lo cual justifica su empleo en toda clase de magias así benéficas como perjudiciales. – Algunas culturas de la India interpretaron el sudor corporal como ofrenda al dios del Sol, en tanto que penitencia y purificación simultáneas.

TABÚ. Del polinesio tapu, «lo que está fuertemente marcado». Es la prohibición mágicorreligiosa en relación con lo sagrado (lo positivo y cargado de una energía o un poder superior) y con el mana, pudiendo afectar a personas (sacerdotes, jefes de clan, parturientas), nombres (de dioses, de fieras), acciones (por ejemplo tocar al rey), objetos, épocas, lugares, etc. La impureza que acarrea la infracción de un tabú se considera contagiosa y requiere, por tanto, una purificación ritual. Entre los pueblos naturales tuvo a menudo la función de proteger jurídicamente la propiedad (promulgando un tabú sobre los campos, etc.); con frecuencia se convierte en el fundamento de todo el orden social. – En sentido figurado, aquello que no se puede tocar, en ocasiones ni siquiera mencionar.

TALISMÁN. Del árabe *tilasm*, imagen mágica, en el lenguaje corriente viene a ser sinónimo de amuleto; si bien éste tiene propiedades más bien apotropaicas, al talismán le distingue una función más activa como portador de la buena suerte. Los astrólogos lo interpretan como que establece una vinculación con fuerzas astrales que se concentran en el interior del talismán.

TAMBOR. Empleado con frecuencia como instrumento del culto, sus sonidos rítmicos guardan correspondencia, por ejemplo en el budismo, con vibraciones y fuerzas ocultas del Cosmos. A menudo, por ejemplo entre los pueblos africanos, sirve para invocar mágicamente los poderes celestes; en particular el tambor de guerra estuvo estrechamente vinculado al rayo y al trueno. – En China el sonido del tambor se puso en relación con la trayectoria del Sol y en particular con el solsticio de invierno, es decir el instante de máxima influencia del principio yin (yin y yang), con especial énfasis sobre el progresivo alargamiento de los días a partir de esa fecha y la consiguiente potenciación del influjo del principio yang.

TAROT. Baraja corrientemente utilizada a partir de la Edad Media, en especial en Francia, formada por 78 cartas que han dado lugar a gran número de interpretaciones y especulaciones, sobre todo en relación con la serie de los 22 naipes «arcanos», que parece simbolizar un camino iniciático.

TATUAJE. Del samoano tat(a)u, «bien golpeado», una forma de pintura corporal permanente, a menudo relacionada con las ceremonias de iniciación, o de significación magicosimbólica, de clan o de autoridad, o puro ornamento. Uno de los procedimientos más antiguos (también entre los tasmanios) es el de las escarificaciones, consistente en incisiones (o quemaduras) repetidas de la piel, a veces frotando en ellas ceniza o barro, con intención de dejar cicatrices visibles y por lo general en relieve; este método fue el preferido por las etnias de piel oscura. Las de piel clara (en Indonesia, Oceanía, América) utilizaron el tatuaje por punción, consistente en introducir un pigmento debajo de la epidermis con ayuda de espinas, agujas o martillitos dentados (de ahí la etimología). Procedimiento similar es el de enhebrar bajo la piel un hilo previamente empapado de hollín (Siberia, tribus del Noroeste y las regiones subárticas de América); a veces también se introducen permanentemente fíbulas, amuletos y otros adornos (bosquimanos, India). En Europa el tatuaje con agujas estuvo difundido entre las culturas del Egeo. – Cuando el capitán Cook regresó de sus expediciones y presentó en Inglaterra a un polinesio tatuado, puso en marcha la moda de los tatuajes en la sociedad inglesa y la generalizó; hoy también son signo de reconocimiento de diversas subculturas.

TÉ. En Asia oriental simboliza el refinamiento, la buena educación, de ahí que desarrollaran rituales para el acto de tomarlo hasta convertir la ceremonia del té en parte central de una liturgia que representa, por ejemplo, el camino vital según las concepciones del budismo zen japonés.

TEMPESTAD. Tormenta, en las concepciones religiosas de muchos pueblos fue símbolo o expresión real de la acción de las potencias celestes; con frecuencia los tránsitos de una era a otra se anuncian como grandes catástrofes, con intervención de los elementos desencadenados.

TIGRE. Símbolo de la fuerza y de la fiereza, con significados negativos y positivos. En China fue espíritu protector, primero de la caza y luego de la agricultura. Siendo así que el tigre vive en las espesuras rehuyendo la luz, le hallamos caracterizado por el principio yin (yin y yang), como oponente benéfico o maléfico del dragón. El tigre blanco es símbolo de las virtudes de la realeza. – En el budismo el tigre, que sabe encontrar su camino en medio de la selva, simboliza el esfuerzo espiritual; puesto que además sabe orientarse a oscuras y en noches de luna llena representa la luz interior, o el retorno a la luz y la vida después de un periodo difícil. – En tanto que fiera carnicera suele simbolizar la peligrosidad de los instintos incontrolados. – El Tigre es el 3.er signo del Zodiaco chino y corresponde a Géminis.

TIJERAS. En tanto que instrumento cortante son símbolo del principio activo, masculino. En la mitología griega son atributo de Atropos, una de las Moiras, la que corta con ellas el hilo de la vida, y con ello simboliza que la existencia humana depende de fuerzas regidas por el destino; símbolo también de la muerte súbita.

TÍTERES. Figuras sostenidas y movidas mediante hilos, alambres o varillas; simbolizan cómo el hombre está sujeto al dominio de potencias superiores; en sentido más restringido se usa como comparación para designar a una persona de escasa voluntad, que se somete a la de otros.

TOMILLO. De las labiadas, con flor blanca o violeta, en la Edad Media tuvo usos medicinales y ha sido por tanto símbolo mariano. Una corona de ramas de tomillo cogidas en la noche de Walpurgis permite al que la lleve descubrir a cualquier bruja a simple vista la mañana siguiente.

TORO. Símbolo de la fuerza, de la combatividad viril, de la fiereza, por su carácter activo está vinculado al Sol, por su fecundidad a la Luna (también porque los cuernos del toro y de la vaca recuerdan una media Luna). – En muchos pueblos fue animal destinado al sacrificio, y visto con especial agrado por los dioses. En Egipto el dios de la fecundidad Apis tomó la forma de un toro, generalmente con el disco solar entre los cuernos; como también se le identificaba con Osiris, fue dios de los muertos al mismo tiempo. – El sacrificio y sepultura del animal elegido para representar al sagrado toro Apis era una gran solemnidad, seguida de una «resurrección» consistente en elegir el ternero Apis sucesor. – Especial relevancia tuvo el toro como símbolo de poder y fecundidad en la cultura minoica. – La mitología del Irán encarnó en un toro ancestral la fecundidad cósmica, el cual fue muerto por Mitra y de su cuerpo nacieron luego todas las plantas y los animales que existen. En la liturgia del mitraísmo, el sacrificio de un toro seguido de un bautismo de sangre, del cual estaban excluidas las mujeres, reitera la relación simbólica entre aquél y las potencias de la fecundidad, la muerte y la resurrección. – En la India se relacionaba al dios Siva con un toro blanco, símbolo de esas mismas potencias, pero dominadas. En distintos pueblos el toro, por su fecundidad, estuvo asimismo en relación con las tormentas, la lluvia y el agua. – Desde la perspectiva psicoanalítica el toro representa las energías animales y la sexualidad en los humanos; así analizada, la tauromaquia actual escenifica, entre otras cosas, el deseo constantemente renovado de anticipar la victoria interior sobre dichas fuerzas. – El Toro o Tauro es el segundo signo del Zodiaco, que corresponde al segundo mes de la primavera; el Sol transita por el signo entre el 21 de abril y el 21 de marzo; la Luna está exaltada en Tauro, cuya casa es Venus; la astrología helenística le asigna los decanes Mercurio, la Luna y Saturno (en el sistema indio Venus, Mercurio y Saturno). Es signo de tierra, femenino, negativo (pasivo) y fijo. La denominación actual de la constelación se mantiene desde los tiempos babilónicos.

TORRE. Símbolo del poder o de lo que tiene eminencia superior a lo común. Por su forma es también símbolo fálico; en otros casos, y por ser un recinto cerrado y muchas veces sin ventanas, representa la virginidad (de ahí la comparación de María con una torre de marfil). En tanto que espacio fortificado y alejado del mundo cotidiano puede ser también imagen del pensamiento filosófico, de la meditación (torre de marfil en su acepción negativa). – En la simbología del arte cristiano medieval una torre suele significar vigilancia; en el cristianismo primitivo representó asimismo, con frecuencia, «la ciudad de Dios». El faro significó, sobre todo en el cristianismo primitivo, la meta eterna y la nave de la vida sacudida por las olas del mundo temporal. – La torre escalonada babilónica o ziqqurat seguramente pretendió simbolizar el monte del mundo; los diferentes escalones representan las etapas de la sublimación espiritual del hombre; se cree que la torre de Babel era un ziqqurat.

TÓRTOLA. El *Physiologus* destaca sus hábitos retirados y su monogamia para compararla con Cristo, que subió al monte de los Olivos donde se le aparecieron Moisés y Elías, y dice que los mejores servidores del Señor prefieren vivir en soledad.

TORTUGA. Desempeña papel destacado en las mitologías de la India, China y el Japón, entre otras. Los dibujos de su caparazón fueron diversamente interpretados como pautas de las estructuras cósmicas. Con frecuencia ella misma o sus pies sirven de soporte al universo, al trono celeste, a las aguas primitivas o también a la isla de los bienaventurados. En la mitología mongol aparece una tortuga de oro que lleva acuestas el monte central del universo. La concha por su curvatura representó a menudo la bóveda celeste, tendida sobre el caparazón ventral plano, que representaba la Tierra, lo cual asigna a la tortuga el papel de mediadora, o la imagen del universo en su totalidad. – En razón de su longevidad simbolizó a menudo (en las sepulturas chinas, por ejemplo) la inmortalidad; con el caparazón y el cerebro se preparaban pócimas supuestamente eficaces para prolongar la vida. En el Japón (donde se le suponía un periodo de vida de 12.000 años) aparece con frecuencia al lado del pino y de la grulla, otros dos símbolos de longevidad. Por esto y por los misteriosos dibujos del caparazón dorsal, interpretados como signos jeroglíficos, era símbolo también de la sabiduría.

Lo es asimismo en África, donde la pintan a menudo con caparazón escaqueado como un tablero de ajedrez, y representa además la habilidad y el poder. – Por su facultad de encogerse dentro de su caparazón como quien se retira del mundo simbolizó, sobre todo en la India, la meditación y la reflexión. – En China representó, por otra parte, el invierno, el norte y el agua. – En la Antigüedad grecorromana fue símbolo de fecundidad por su numerosa progenie, y estuvo consagrada a Afrodita, así como al dios Pan, debido al aspecto fálico de su cabeza. Como lleva la casa acuestas, personificó las virtudes domésticas. – Por otra parte tuvo también un simbolismo demoniaco en el Oriente y en aquellas partes de Occidente muy sometidas a la influencia oriental; aliada con los poderes de las tinieblas, la tortuga lucha contra el gallo como símbolo de la luz. Los padres de la Iglesia se fijaron en las tortugas que viven en terrenos pantanosos para describirlas como símbolos de las bajas pasiones. En la Antigüedad su caparazón sirvió para fabricar la caja de resonancia de las cítaras; de ahí que algunas escrituras cristianas la citen a título de ejemplo de cómo la carne pecadora puede sublimarse moralmente gracias a la acción del espíritu.

TRÉBOL. Papilionácea muy común, por su vigoroso crecimiento simbolizó la energía vital; entre los celtas era sagrado y le atribuían propiedades mágicas. – En la Edad Media el trébol de tres hojas simbolizó la Trinidad, y por sus cualidades medicinales también fue planta mariana. – El trébol de cuatro hojas todavía hoy lo consideramos de buena suerte (cuatro), en cambio los ejemplares con un número superior de hojas por lo general se consideran de presagio funesto, excepto tal vez los de cinco que alguna vez se han tomado por anunciadores de un matrimonio feliz.

TRIÁNGULO. Participa en buena medida de los significados que acompañan al tres. En la Antigüedad representó a menudo un símbolo de la luz; con el vértice hacia arriba lo tomaron muchos pueblos como símbolo del fuego y de la potencia genésica masculina, con el vértice hacia abajo fue símbolo del agua y del sexo femenino. – El triángulo equilátero representa a Dios, o la armonía; en el cristianismo es símbolo de la trinidad (especialmente a partir del s. XVII y combinado con la mano, la cabeza, el ojo o el nombre hebreo del Señor, Yahvé). Antiguo signo apotropaico de la magia popular, entre hechiceros y brujos. – Entre los fracmasones tiene un extenso campo de significados: la fuerza, la belleza y la sabiduría de Dios; la primera piedra del Templo de los masones; los reinos mineral, vegetal y animal; las tres fases de la evolución espiritual del hombre (*separatio*, *fermentatio* y *putrefactio*); la mesura en el hablar, el pensar y el actuar; el nacimiento, la madurez y la muerte, etc.

TRIDENTE. Especie de lanza de tres puntas, utilizada por los pescadores para sus capturas, y atributo de las divinidades marinas y en particular de Poseidón (Neptuno); también simboliza los dientes de los monstruos marinos, los rayos del Sol o el relámpago.– En la India es atributo del dios Siva y simboliza los tres aspectos del tiempo, pasado, presente y futuro, o las tres cualidades del mundo empírico (el devenir, el ser y el acabar o perecer).

TRIGO. La siembra, el crecimiento y la cosecha de los cereales, y más especialmente del trigo, simbolizan el nacimiento y la muerte, o también la muerte y la resurrección. En la antigua Grecia la espiga representaba el seno materno de la Tierra y también la descendencia humana; fue atributo de Deméter y representaba un papel central en los misterios eleusinos. – En Egipto el trigo que germina simbolizaba la resurrección de Osiris. – En el Medioevo, el grano de trigo se tomó por símbolo de Cristo, que descendió a los infiernos y resucitó. Una espiga y un racimo de uva simbolizan la eucaristía en los paramentos del altar; además la espiga representa a María porque ella contiene los granos de los que se obtiene la harina para elaborar la hostia. También se compara a María con el sembrado en donde creció Cristo como crece el trigo (esta noción queda reflejada en las imágenes de María con el vestido cuajado de espigas).

TRONO. Símbolo de soberanía y majestad tanto en el dominio profano como en el sagrado, a menudo realzado por una peana y provisto de un baldaquín. La forma y el material aportan simbolismos adicionales; así, por ejemplo, el budismo tiene la noción de un trono de Buda que es de diamante y está debajo del árbol de Bodhi (higuera). – La diosa egipcia Isis posiblemente personificó el trono, divinizado a su vez: algunas representaciones suyas llevan sobre la cabeza el jeroglífico que significa «trono». – En distintas religiones el trono de Dios o de varias deidades lo llevan en volandas los ángeles o ciertos animales sagrados, también simbólicos. – El Corán menciona reiteradamente a Alá como «Señor del Trono» o «Dueño del Trono», en donde éste simboliza la suma de la sabiduría divina y lo describe como hecho de un material verde, de un resplandor indescriptible y provisto de 70.000 lenguas que elogian a Dios en todos los idiomas; todos los días cambia 70.000 veces de color, y contiene los prototipos de todo cuanto existe; las columnas que lo soportan están separadas entre sí a una distancia que un pájaro veloz podría recorrer en 80.000 años. En el judaísmo el trono del rey, o la ciudad entera de Jerusalén, representaban simbólicamente el trono y la soberanía de Yahvé sobre su pueblo. En el Antiguo Testamento el trono simboliza sobre todo el poder divino de juzgar. – La Iglesia cristiana primitiva adoptó la cátedra de los romanos, un sillón de respaldo alto y ahuecado que estaba reservado a las grandes personalidades, en cuya presencia los demás debían permanecer de pie. La Iglesia hizo de ella símbolo de su oficio de enseñanza espiritual y le confirió significación litúrgica como asiento de los fundadores y los obispos. El arte paleocristiano desarrolló el tema de la subida simbólica al trono para representar el retorno de Cristo en el día del Juicio (etimasia).

TRUENO. Al igual que el rayo, muchas culturas lo interpretan como expresión y símbolo del poder divino; por lo general es atributo del dios máximo. – Para los antiguos germanos el ruido del trueno lo creaba el dios Donar al arrojar su martillo. – En la Biblia es la voz del Señor, especialmente del Señor en cólera. – Para los celtas era la expresión de un trastorno cósmico que originaba la furia de los elementos y por tanto tenía una connotación de castigo divino. – En Siberia y Norteamérica se halla la noción de un pájaro mítico que produce el trueno al batir las alas, bien sea un ganso o pato salvaje, un pájaro de hierro o un águila. Según los chinos, lo producen los movimientos del dragón de los cielos. – Ciertas culturas indias y otras tienen un dios del trueno con una sola pierna (cojos). A menudo los dioses del trueno disponen de ayudantes herreros que forjan para aquéllos los rayos, los martillos o mazas, etc.

TURBANTE. El tocado de los hindúes y los musulmanes, franja de tela que se ata de diversas maneras envolviendo la cabeza; los hay

de sumo boato y ostentación, simbolizando por tanto la autoridad y
el poder; para los musulmanes representa además aquello que los
distingue de los infieles.

UMBRAL. Como la puerta, es obvio símbolo del tránsito de un lugar a otro, o de una situación a otra, o incluso de la separación entre el estado anterior y el venidero; en este caso, además, con la significación añadida de evento inminente, de lo que va a sobrevenir; «estar en el umbral» de algo expresa la actitud mental del que se dispone a vivir un cambio. – En muchas culturas el umbral del templo se consideró sagrado, lo cual exigía una cierta purificación antes de entrar (o por lo menos quitarse los zapatos); en algunas hay que cuidar además de entrar sin pisar el umbral mismo.

UNICORNIO. Animal fabuloso conocido entre muchos pueblos, y popularizado en el Occidente cristiano por el *Physiologus*, principalmente. De color blanco, por lo general, tiene figura de cabra, asno, rinoceronte, toro o –la que acabó por predominar– caballo con un solo cuerno; este cuerno único podría interpretarse como símbolo fálico (onagro), pero como nace de la frente y ésta es la «sede» de lo espiritual, significa más probablemente la sublimación de las energías sexuales, de ahí que llegase a tomarse por símbolo de la pureza virginal. – El cuerno suele representarse recto y termi-

nando en punta larga (a veces en espiral), con lo que simboliza los rayos del sol. – En China se consideró como emblema de las virtudes del soberano. – En el cristianismo fue expresión de fuerza y pureza; según la leyenda sólo puede ser capturado por una doncella, en cuyo regazo irá a refugiarse cuando se vea acosado. Se encuentran numerosas representaciones de María con el unicornio en el regazo, aludiendo al tema de la Inmaculada. A partir del s. XVI estas imágenes desaparecieron de las iglesias porque empezaron a llamar la atención sus implicaciones eróticas. – El polvo del (cuerno de) unicornio cicatrizaba las heridas, y también el corazón tenía virtudes curativas; a estas creencias alude la presencia del unicornio en las enseñas de los boticarios.

UROBOROS. Ouroboros, la figura de la serpiente que se muerde la cola (a veces reemplazada por uno o dos dragones, o por una o dos aves de cuello muy largo); símbolo de lo infinito, del eterno

retorno, del descenso del espíritu al mundo físico y su ulterior ascensión. En la alquimia significó a menudo la transmutación de la
materia.

URRACA. En el arte medieval y especialmente en el pesebrismo
suele representar (reemplazando en ocasiones a la lechuza) el daño
oculto, la persecución o la muerte prematura.

VACA. Animal doméstico fértil y que produce un alimento esencial, por lo que viene a simbolizar la Madre Tierra, la abundancia y el refugio. –Venerada en Egipto, donde representaba a la diosa Hathor, madre y esposa del Sol, madre de Horus, nodriza del rey egipcio, diosa de la alegría, de la danza y de la música (en este caso bajo la figura de una muchacha), emblema de la esperanza y la renovación de la vida, alma viviente de los árboles y también señora de la montaña de los muertos, en ocasiones aparecía rodeada de un resplandor dorado, o en figura de leona (león). –Venerada en la India como nutricia, la vaca blanca se vincula además al fuego sagrado. El budismo contempla una relación estrecha entre la vaca y las etapas del progreso interior humano hacia la iluminación; la vaca blanca simboliza la fase más alta de la experiencia individual antes de su disolución en lo Absoluto. En la tradición védica la vaca es además guía de ánimas. – Algunos pueblos, por ejemplo los sumerios, establecieron una correspondencia simbólica entre la vaca fértil y la Luna, entre la leche y la luz lunar. – En la mitología germánica la nutricia y protectora primigenia era la vaca Audhumla, también relacionada con el agua y la lluvia.

VARA. Símbolo del poder, de conocimiento (por ejemplo mágicos, como en el caso de la vara del hechicero); muchas veces su eficacia se entiende establecida por contacto, así la vara de Moisés que hizo manar agua de la roca. – En Grecia la vara de Hermes tenía propiedades mágicas y también servía para bendecir. – Las deidades de la India y en particular el dios de la muerte ostentan una vara en señal de su poder para juzgar y castigar. – Con frecuencia se le atribuyeron cualidades apotropaicas; por ejemplo, en la antigua China se usaba una vara, generalmente de morera o de melocotonero, para ahuyentar a las potencias maléficas. – En la Biblia y en las escrituras apócrifas aparecen muchas varas que se transforman en cosas vivas (serpiente, rama florida), como expresión de la voluntad divina (vara de Aarón, vara de José). – Los ángeles cuando actúan de mensajeros o heraldos llevan vara larga en las artes plásticas, sobre todo las de Bizancio. – El cayado de pastor, que la tradición icónica cristiana asigna también a Cristo, a los profetas y a los santos, se convirtió en atributo de los obispos y los abades. – Otras varas de majestad, como el bastón de mariscal y el cetro, simbolizan poder de legislar y muchas veces también de castigar. – En la interpretación psicoanalítica puede revestir significado fálico. – A veces se comparó el eje del mundo con una vara. – Entre los francos existía la costumbre de romper varas para señalar una transgresión de la ley, por ejemplo antes de ejecutar a un reo.

VASO. Recipiente y contenedor, a menudo simboliza por ello el seno materno; en el cristianismo abunda la comparación de María con un vaso sagrado, porque recibió al Espíritu Santo. – En especial cuando es de barro, simboliza el cuerpo en tanto que recipiente del alma. – El Nuevo Testamento compara al creyente con un vaso destinado a recibir la Gracia. – En algunos pueblos el trasvase de líquidos de un vaso a otro simboliza la reencarnación del alma.

VELA. Símbolo de luz, del alma individual, de la relación entre el espíritu y la materia (la llama que consume la cera); en los cuentos populares la Muerte personificada tiene potestad sobre unas velas encendidas, cada una de las cuales representa una vida humana. – Los romanos emplearon velas en los lugares de culto, y desempeñan destacado papel en el cristianismo, especialmente en los ritos de la Iglesia católica, como la misa, los entierros, las grandes celebraciones, las procesiones, etc., por cuanto simbolizan la luz y la fe.

VELLOCINO DE ORO. Toisón de oro, vellón de un cordero de oro guardado por un dragón y que Jasón consiguió robar con la ayuda de los demás argonautas, tras vencer no pocas dificultades. Según C.G. Jung simboliza aquellos objetivos que el individuo consigue alcanzar en su evolución pese a que el sentido común hacia prever todo lo contrario.

Jasón regresa con
el vellocino de oro
en una crátera roja
de Apulia,
ca. 340 - 330 a. C.

VELO. Alude, como el manto, a lo que se oculta, lo envuelto en el secreto; desvelar es, por el contrario, descubrir, averiguar, conocer lo que estaba oculto. El acceso a los secretos espirituales se representa mediante distintos grados de desnudez del cuerpo humano; así la ceremonia de quitar los velos a la diosa Isis aludía a la revelación de la luz divina. Interpretada desde ese punto de vista la desnudez de Cristo en la Cruz también significa la revelación de secretos esotéricos. – En la filosofía india se compara con un velo a maya, la condición que hace posibles todos los fenómenos temporales; como aquél, oculta y enseña al mismo tiempo: oculta la naturaleza verdadera de todo ser, y con ello confiere su carácter objetivo a la infinita variedad del mundo fenoménico. Según el islam, el rostro de Dios está envuelto en 70.000 velos de luz y de sombras, que atenúan el resplandor de la divinidad afín de hacerlo soportable para los humanos; pero en realidad, según interpretan algunos, esos velos no rodean a Dios, sino a sus criaturas, y únicamente los santos pueden alzar los en parte. El Corán menciona también un velo que separa a los réprobos de los elegidos. – En la liturgia y el folklore, un velo sirve a menudo para mantener alejados a los demonios hostiles. – A veces los ofertantes que se acercaban a los altares cubrían el rostro por temor a la divinidad, o en señal de respeto. – El velo de luto simboliza el retiro de los deudos; el velo de novia, o el de las mahometanas, representa en cambio el recato de la mujer; parecido sentido tiene el velo de las monjas en tanto que prometidas de Cristo.

VENTANA. En ocasiones simboliza la receptividad, la disposición a aceptar las influencias externas. – Las ventanas con cristales de colores de las iglesias góticas suelen aludir al cromatismo de la Jerusalén celeste. – En las artes plásticas del Medioevo la ventana, como no tiene luz propia sino que es transparente a la luz del sol, remite a la maternidad de María, que llevó en su seno con humildad al Hijo de Dios.

V

VENUS. Antigua diosa itálica de la primavera y de los jardines, más tarde fue asimilada a la diosa griega del amor, Afrodita, y asumió sus propiedades y atributos. – En astronomía y astrología es el planeta que en sus periodos de máximo brillo tiene un esplendor que excede con mucho al de los demás planetas y estrellas fijas; observable como lucero de la tarde (Hesperos) o de la mañana (Phosphorus); en alquimia cobre, en astrología, metales.

VÍA LÁCTEA. En las concepciones religiosas de muchos pueblos figura como vínculo entre nuestro mundo y el de lo trascendente; ha sido comparada con una serpiente blanca (así en varias culturas amerindias), con un río, con las huellas de unos pasos, con la leche derramada, con un árbol, con la cola de un vestido ricamente bordado, etc. En algunos lugares, por ejemplo Oriente y entre los germanos, era el camino que debían recorrer las ánimas de los difuntos; otros pueblos naturales vieron en ella la morada de los muertos. En el Japón, la India y Egipto era un río del fértil país junto a cuyas orillas moraban los dioses. Para algunos pueblos tuvo un significado cercano al del arco iris. – Otros la interpretaron como una grieta en la bóveda celeste, a través de la cual entraba en nuestro universo el fuego cósmico.

VID. Es símbolo de plenitud y de vida. Consagrada a Dioniso en Grecia, con referencia a los misterios dionisiacos que celebraban al dios del éxtasis también como señor de la muerte y de la renovación de toda vida, por donde la vid resulta símbolo asimismo de la reencarnación. – En la simbología judaica y la cristiana, la vid es planta sagrada que reviste múltiples significados; simbolizaba el pueblo de Israel (de quien cuida el Señor como el amo cuida de su viña) y era el árbol del Mesías, siendo veterotestamentaria la comparación de éste con una vid. El mismo Cristo se comparó con la vid verdadera, cuyo robusto tronco sustenta a los creyentes como la vid sus racimos, lo cual significa: sólo dará fruto sabroso quien reciba de Él la fuerza.

También la viña, cerrada y vigilada, simboliza el pueblo elegido, interpretación que más adelante se transferirá a la Iglesia cristiana. – Las uvas que trajeron los exploradores de la Tierra Prometida (Núm. 13, 21-25) simbolizan la promesa de redención y por ello figuran en los sarcófagos del cristianismo primitivo, dando a entender que el difunto ha entrado en ese Reino. Una única uva en manos de Jesús simboliza su pasión y muerte al tiempo que la Cena.

VIENTRE. Símbolo del calor y la protección maternales (matriz). – Con énfasis sobre la presencia de los órganos digestivos, el vientre alude simbólicamente a la gula y a la mentalidad materialista. – En las manifestaciones plásticas del budismo, sobre todo el japonés, los personajes masculinos barrigudos simbolizan amistad, serenidad y bienestar (son, por ejemplo, genios de la felicidad).

VINO. Por su color y por estar hecho de la «sangre» de la vid (de la sangre de Dioniso, según creían los griegos), obvia significación hemática, de elixir de vida o de inmortalidad (por ejemplo para el taoísmo), y entre los pueblos semitas y los griegos. Éstos prohibían que se ofreciesen libaciones de vino en honor de los dioses del inframundo, por ser bebida reservada a los vivos. Por su efecto embriagador muchos lo consideraron también un instrumento para acceder a los conocimientos esotéricos. – En la mística del islam es la bebida del amor divino, y símbolo del conocimiento espiritual, de la plenitud del ser en la eternidad; por ejemplo, el sufismo imaginaba la existencia del alma con anterioridad a la creación del mundo como sumergida en el vino de la inmortalidad (pero hay que recordar el tufillo herético de estas nociones, teniendo en cuenta las prohibiciones coránicas). – En la tradición bíblica es símbolo de la alegría y de la abundancia de las mercedes que recibimos de Dios; en el cristianismo recibe el vino su significación más sagrada y profunda por la transubstanciación eucarística en sangre de Cristo.

V

VIRGEN. Doncella, símbolo de la inocencia y de la plenitud de las posibilidades pendientes de realización. El alma dispuesta a recibir a Dios ha sido comparada con una virgen por los místicos cristianos. – Virgo es el sexto signo del Zodiaco, que corresponde al último mes del verano; el Sol transita por el signo entre el 23 de agosto y el 22 de septiembre; Mercurio está exaltado en Virgo; la astrología helenística le asignó los decanes Sol, Venus y Mercurio, y en la India le corresponden Mercurio, Saturno y Venus. Es signo de tierra, femenino, negativo (pasivo) y móvil.

y

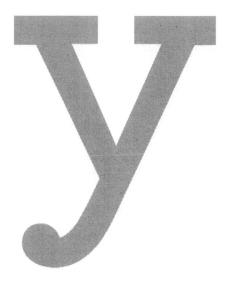

YIN Y YANG. Los dos principios cosmológicos fundamentales y contrarios de la filosofía china, a los que se subordinan todas las cosas, las entidades, los acontecimientos y los periodos de tiempo. El principio yin designa lo negativo, femenino, oscuro, la tierra, la pasividad, la humedad, la línea cortada; el principio yang, lo positivo, lo masculino, la claridad, los cielos, la actividad, lo seco, la línea de un solo trazo. Uno y otro principio representan la polarización que se produjo al romperse la unidad de los orígenes. Se representan gráficamente por medio de un círculo dividido simétricamente por una línea ondulada en dos partes, la una clara, la otra oscura, aunque cada una de ellas contiene un punto del color de su contraria, a fin de dar a entender que cada uno de estos principios depende del otro. Los influjos yin y yang son contrarios pero no enemigos, sino que se hallan en permanente influencia mutua aunque periódicamente predomine el uno o el otro.

YUGO. Frecuente símbolo de gran opresión, de cargas impuestas y que resultan insoportables; también se aplica a los vínculos entre dos personas o instancias cuando no resultan especialmente felices, por ejemplo en la expresión «yugo matrimonial». – En las religiones de la India, por el contrario (la palabra deriva de la raíz indoeuropea yug, que ha dado también «yoga»), tiene el sentido positivo de la subordinación a principios espirituales, de autodisciplina a que se someten tanto el cuerpo como el espíritu.

YUNQUE. Interpretado con frecuencia como símbolo femenino por contraposición con el martillo, activo y viril. – A veces también como atributo de una virtud cardinal, la fortaleza (fortitudo).

ZANCOS. En China el uso de zancos, por ejemplo durante las danzas rituales, servía para identificarse con la grulla en tanto que símbolo de la inmortalidad.

ZARZA ARDIENTE. El Señor se apareció a Moisés en una zarza que ardía pero no se quemaba: símbolo del poder no destructivo del fuego espiritual. En las artes y la literatura cristianas, símbolo también de María, que fue madre sin dejar de ser virgen, es decir «ardió» sin «quemarse».

ZODIACO. La zona a ambos lados de la Eclíptica que recorre el Sol aparentemente (de unos 18° de ancho; en ella se mueven también los planetas y la Luna), dividida en 12 constelaciones a las que corresponden otros tantos signos zodiacales; aunque se ve igual desde

cualquier punto de la Tierra, los distintos pueblos han formado diferentes agrupaciones de estrellas (pero la distribución en 12 grupos
siempre ha sido la más corriente); o bien a igualdad de la división
zodiacal pueden variar los nombres de los signos, por ejemplo nuestro Capricornio era cabra con cola de pescado para los babilonios,
nuestro Cangrejo es el Gato de los chinos, etc. Debido a la precesión
de los equinoccios el punto cero de la graduación se desplaza y no
hay identidad entre el signo zodiacal y la constelación. Para la astrología, los distintos signos corresponden a diferentes formas de
vida; en cuanto a las razones de la asignación de determinados tipos
caracteriológicos a los signos (lo que permite hablar, por ejemplo, de
un temperamento Virgo, o Acuario), abundan las interpretaciones;
por ejemplo se supone que el carácter de una época del año regida
por tal signo desde el punto de vista de la vivencia humana guarda
relación con el carácter del animal (o similar) que da nombre a dicho
signo. – Es también a través de los signos, en buena parte, que se

estableció la vinculación entre astrología y alquimia; en la medicina de la Edad Media y hasta el s. XVIII se tuvo en cuenta el zodiaco en tanto que sistema macrocósmico que debía reflejarse en el microcosmos, así que los signos de aquél tendrían sus correspondencias en el organismo humano, expresadas en la figuración del muñeco de las san grías. – Como noción de la rueda cósmica el Zodiaco participa del simbolismo del círculo. – En el arte cristiano medieval encontramos representaciones del Zodiaco (muchas veces vinculadas a las faenas del mes), a veces como símbolo del tiempo que pasa, o de la inmutabilidad de Dios frente a las mudanzas del mundo material, o de las esferas celestiales. En ocasiones se pusieron los signos en correspondencia con los 12 apóstoles o con pasos de las Escrituras: por ejemplo, Aries como el Cordero de Dios, Géminis (los Gemelos) como el Antiguo y el Nuevo Testamento, Leo como símbolo de la Resurrección que vence al Escorpión (asimilado aquí a la serpiente), Piscis como los judíos y los paganos, cuya salvación es el bautismo que les administra Cristo en figura de Acuario, etc.

ZORRO. En las mitologías china y japonesa tiene papel importante como animal conocedor de las artes mágicas, sabio, demonía-

co benéfico a ratos, otras veces malicioso, y que puede disponer de múltiples metamorfosis, muchas de ellas en figura humana. – En algunas culturas de indios americanos es emblema de la lujuria. – En Europa significó más a menudo la astucia y la alevosía; en el imaginario medieval maese Raposo aparece como símbolo del Diablo, de la mentira, de la falsía, de la avaricia y de la lujuria, razones por las cuales el *Physiologus* lo compara a Herodes. El zorro, debido al color rojo de su pelaje, comparte las significaciones de otros animales «diabólicos» como la ardilla y el ciervo volante.

Bibliografía

Armour, Roberta, *Dioses y mitos del Antiguo Egipto*, Alianza editorial.

Ávila Granados, Jesús, *Simbología sagrada*, Diversa ediciones.

Bartlett, Sarah, *Los secretos del universo en 100 símbolos*, Librero.

Burkett, Walter, *Homo necans. Interpretaciones de ritos sacrificiales y mitos de la Antigua Grecia*, El Acantilado.

Colleuil, Georges, *La función terapéutica de los símbolos*, Ediciones La Llave.

Eco, Umberto, *Historia de las tierras y los lugares legendarios*, Editorial Mondadori.

Joel, Levy, *Símbolos perdidos: en busca de los misterios más célebres del mundo*. Ediciones Martínez Roca.

Jung, Carl Gustav, *Símbolos de transformación*, Trotta editorial.

Koch, Rudolf, *El libro de los símbolos*, Ediciones Obelisco.

Lehning, Hervé, *La biblia de los códigos secretos*, Libros Cúpula.

Revilla, Federico, *Diccionario de iconografía y simbología*, Ediciones Cátedra.

VV.AA. *Diccionario de culturas clásicas*, Editorial Vox.

Los mitos, los dioses y los héroes, que siguen
fascinándonos y poblando nuestros sueños.

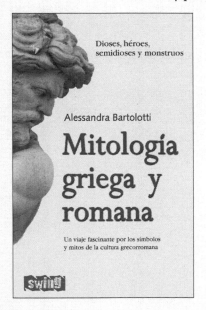

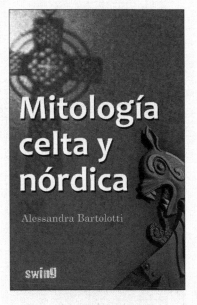

El sentido místico y religioso de las
antiguas culturas a través de sus
narraciones míticas y legendarias.

Los dioses, héroes y narraciones
legendarias de la mitología celta y
nórdica.